어린이
AI VR교육 백과

어린이 AI VR교육 백과

초판 1쇄 발행 2024년 5월 31일

지은이 홍창준
펴낸이 장길수
펴낸곳 지식과감성#
출판등록 제2012-000081호

디자인 이현
편집 이현, 서혜인
교정 주경민
검수 이주희, 이현
마케팅 김윤길, 정은혜

주소 서울시 금천구 벚꽃로298 대륭포스트타워6차 1212호
전화 070-4651-3730~4
팩스 070-4325-7006
이메일 ksbookup@naver.com
홈페이지 www.knsbookup.com

ISBN 979-11-392-1876-3(03370)
값 28,000원

ⓒ 홍창준 2024 Printed in Korea

잘못된 책은 구입하신 곳에서 바꾸어 드립니다.
이 책의 전부 또는 일부 내용을 재사용하려면 사전에 저작권자와 펴낸곳의 동의를 받아야 합니다.

홈페이지 바로가기

한국어린이AIVR교육총연합회 공식교재

부록. 어린이 VR교육지도사 자격검정 기출문제 수록

유치원 교사/초등학교 교사/학부모/VR개발자를 위한

어린이 AI VR교육 백과

〈어린이 AI VR교육〉 대한민국 1호 교수

홍창준 지음

감수
카이스트(KAIST)
박영찬 교수

• 집중력/학습기억효과 2.7배 향상!
• 시력보호/시력향상의 기대효과!
• VR실감체험의 교육흥미성 극대화!

지식감성

머리말

매우 오랫동안 강의를 하고, 연구를 하고, 또 책을 펴내고…. 그럼에도 항상 부족하다고 느끼는 것은 왜일까? 이 세상 모든 지식을 가질 수 없음에도 항상 필자의 모습은 쫓기는 듯한 모습으로 매일매일 책과 씨름한 것 같다. 혹자는 그런다. 그렇게 사는 것이 좋으냐고. 문제가 뭐냐 하면 그러한 내 모습이 고맙고 감사하고 행복하다는 것이다. 매일같이 새로운 무언가를 내어놓지 않으면 안 되는 것 같은 강박관념이 있으나 그럼에도 또 그렇게 배우고 익히고 연구한 것들을 세상 사람들에게 아낌없이 나누어 줄 때 살아 있음을 느낀다.

유아 놀이체육을 하던 1세대의 시기에 유치원 원장님이나 교사들이 그랬다. "유아들도 체육을 해요?" 아이들은 사람 아닌가? 당연히 건강을 위해 체육을 해야 함에도 불구하고 그 당시에는 매우 생소했던 것이 사실이다. 교구를 파는 데도 없었고, 제대로 배울 곳도 없었다. 눈 쌓인 위험한 곳에 첫발을 내디디며 용기 내어 나아간다는 것이 쉬운 것은 아니다. 언제 어떻게 빠져서 위험에 처할지 모르기 때문이다. 그럼에도 열심히 노력해서 나름대로의 성공자가 된 듯하다. 전국유아체육총연합회 초대 회장을 했고, 방송도 많이 했고, 돈도 많이 벌어 봤으니 더할 나위 없는 인생 아닐까? 글쎄. 세상이 변해도 너무 많이 변했다. 아날로그 감성이 묻어나던 정겨운 교육 현장은 사라지고 어느새 디지털 교육세상으로 바뀌어 갔다. 아이들을 쓰다듬어 주고 품어 주던 손길은 터치스크린을 누르며 미래를 현재로 끌어온 듯한 세상이 되어 간다.

사실 필자는 유아교육이나 아동학보다 컴퓨터를 더 오래한 전문가이다. MS DOS 시절이라고 하면 요즘 세대들이 알아듣기는 할까? 5.25인치 플로피디스크로 게임을 즐기고, M DIR로 디렉토리 관리를 하고, V3로 컴퓨터 바이러스를 잡던 시절. 그렇게 원시시대 컴퓨터의 하드웨어와 소프트웨어를 다루며 2024년도까지 이르렀으니, 강산도 여러 번 변했다. 왜 《어린이 AI VR교육 백과》 책을 펴내면서 이런 꼰대 같은 이야기만 늘어놓을까? 사람은 과거의 노력으로 현재를 살고, 현재의 노력으로 미래를 살 수 있는 근거를 마련하기 때문이다. 하루아침에 AI 인공지능이 뜬다는, 돈벌이에 눈이 멀어 어설픈 지식들을 풀어놓은 게 아니라는 걸 말하고 싶은 게다. 컴퓨터 경력 삼십몇 년 됐으면 손오공처럼 여의봉을 휘두르며 근두운 정도는 눈 감고도 탈 수 있지 않을까? AI 로봇을 연구하고 프로그래밍(필자는 코딩이라는 말을 안 좋아한다. 너무 가벼워 보인다.)하던 잔재주(?)를 바탕으로 유아전용 AI VR콘텐츠를 최초로 만들게 되었다. 사람들은 말하겠지. 그 어린아이들이 사용하는 VR 수준이 어디 가겠냐고. 모르는 말씀이다. 세상에서 가장 가르치기 힘든 대상이 유치원 아이들이고, 가장 훌륭하다고 생각하는 선생님들이 모두 어린이집과 유치원에 있더라. 온갖 것들을 공부해야 하고, 어린아이들을 돌봐 가며 갖은 놀이와 교육을 병행해야 하니 얼마나 고되고 힘들까? 그래서 예전부터 유아교육은 '사명감'을 갖고 하라는 말이 생겨났다. 초등학교는 쉽다는 말씀? 머리가 크면 몸도 크다. 요즘 초등생들이 웬만한 여자 선생님들보다 키도 크고 덩치도 어른만 해졌다. 몸이 커지니 어른이 된 듯한 착각을 가지는 것도 무리는 아닌 듯싶다. 어찌 됐든 이 책에서 이야기하고자 하는 것은 소설도 아니고 드라마도 아니다. 정확히 AI 시대를 살아가기 위한 공부를 하자는 것이다. 우리 소중한 아이들이 사회에 나오려면 20여 년이 걸린다. 그 긴 세월 동안 또 강산은 수도 없이 바뀔 것이고, 우리가 상상조차 할 수 없는 세상을 살아가게 될 것이다. 그걸 대비할 수 있는 교육자가 몇이나 될까? 디지털 교육이 귀찮고 어렵다고 해서 포기할 일이 아니다. 이제 AI가 지배하는 세상, 적극적으로 활용되는 세상이 도래했으니 모든 배움의 방법도 달라질 수밖에 없다. 기존처럼 키보드 두드리고 마우스 굴리던 입력이 아니라 눈짓, 손짓, 음성 명령으로 모든 것을 다 해결할 수 있다. AI의 원년이라 불리는 2024년도는 희망의 해이자 절망의 해가 될 것임을 확신한다. 마냥 즐겁고 좋을 수만은 없는 것이 AI가 인간의 일자리를 엄청나게 빠른 속도로 잠식할 것이기 때문이다. 우리 아이들은 직업이 없는 세상에 살게 될 가능성이 크다. 새로운 직업이 생겨날 거라고 희망 섞인 말을 하는 어른들도 있으나 그건 어불성설이다. 이미 세계적인 석학들이 이구동성으로 이야기한다. 90프로 이상의 직업이 사라지고 노동자가 아닌 경영자만이 생존하게 될 것이라고. 일은 인공지능 로봇이 모든 것을 해낸다. 그것도 값싼 전기만 공급해 주면 쉬지도 않고 24시간 365일을 열심히 일할 것이다.

여태껏 많은 글을 쓰고 책을 펴냈지만 이번 출판만큼은 무언가 석연치 않고 두려움이 앞선다. 행복하고 즐거워야 하는데 부담백배다. 어찌 보면 현실보다 미래가 더 무서운 것일 게다.

이 책은 기존의 《어린이 VR교육 이론》 도서에 살을 붙여서 펴낸 확장판에 가깝다. 아시다시피 기존 책이 2019년도에 출간했으니 지금의 2024년도에 맞추려면 대수술과 내용 보강이 필요했다. 그러다 보니 내용도 두꺼워지고 무거워졌지만 가볍게 읽는 문학 서적이 아닌 만큼 공부하는 학습자의 입장에서 교재라 생각하고 열심히 흡수하시면 좋겠다. 한 번 읽어서 못 알아듣겠다면 여러 번 책장만 넘기듯이 하며 그림이나 사진이라도 자주 보시길 바란다. 아니면 보고 싶고 알고 싶은 챕터를 펴서 축지법 쓰듯 성큼성큼 넘겨 가며 필요한 부분만 읽어 보셔도 좋다. 적어도 유치원 또는 초등학교의 아이들 수준에서 무엇을 알려 주고 무엇을 도입하며 무엇을 가르쳐야 하는지 아시게 될 것 같다. VR은 절대 사라지지 않는 차세대 디바이스다. 아니, 곧 VR과 XR의 시대가 대중화되고 에듀테크의 한 획을 긋게 될 테니 이 분야를 공부하는 게 억울하지 않으실 거라 생각한다.

이 책은 한국어린이AIVR교육총연합회 공식 추천서이자 〈어린이 VR교육지도사〉 민간자격증 취득을 위한 기출문제도 일부 실었기에 어찌 보면 공공성을 띄는 도서라고 보아도 좋겠다. 자격증 취득 연수를 할 때 이 책을 교재로 사용하게 될 것이며, 취득 후에는 전국 대학교 평생교육원에 동일한 자격과정을 만들어 강사로 활동할 수 있다. 또한 유치원이나 초중학교 방과 후 교사나 일반 사회단체 또는 기업, 관공서 등에 출강하는 강사가 될 수도 있을 것이다.

AI 시대가 오면 AI를 가르치는 사람이 반드시 필요하다. 빈부의 격차가 매우 크듯이 아날로그세대와 디지털세대의 격차는 더더욱 커지게 되리라. 어렵다고 피할 게 아니라 도전하고 공부해서 꼭 박수받는 멋진 교사, 강사가 되시길 희망한다.

끝으로 언제나 사랑으로 이끌어 주신 하나님께 감사와 영광을 돌리며, 낳아 주고 길러 주신 어머니와 아버지께 고개 숙여 감사의 인사를 드린다. 책 집필에 감수를 해 주신 박영찬 카이스트 교수님과 어린이 안전교통의 대가이신 가천대 허억 교수님, 이효원 교수님, 방송인 유수호 님, 편집에 많이 애써 준 이영미 팀장, 귀한 딸 연우와 함께 촬영에 발 벗고 나선 이보화 실장 등등 많은 분들에게 감사의 말씀을 드린다.

2024년 5월
홍창준

감수의 글

감수자 박영찬
KAIST 인성리더십 커뮤니케이션 훈련 전문교수

2024년은 AI의 원년으로 여겨지며, 현실과 구분할 수 없는 실제와 같은 가상현실을 체험할 수 있는 시대가 열렸습니다. 이런 변화의 시기에 《어린이 AI VR교육 백과》는 어린이들의 체험교육을 혁신적으로 변화시키는 열정의 결정체로 등장했습니다. 이 책은 어린이들과 교사들을 위한 가이드로서, AI 기반 VR체험교육의 핵심 원리와 가치를 명확히 전달하고 있습니다.

우리의 세상은 분초간에 빠르게 변하고 있습니다. 초연결사회는 빅데이터와 블록체인, AI의 초고속 학습을 통해 투명성을 높이고 개개인의 맞춤형 교육이 가능한 새로운 시대를 열었습니다. 이런 기술의 다양성은 어린이들이 자신의 잠재력을 최대한 발휘할 수 있도록 도와줍니다.

VR은 우리를 다른 세계로 이동시키는 마법과 같습니다. 현실에서는 불가능한 경험을 가상으로 체험할 수 있기 때문입니다. 《어린이 AI VR교육 백과》는 어린이들이 가상현실의 가치를 명확히 이해하면서, 이 기술을 안전하게 활용할 수 있도록 탁월한 학습 경험을 제공합니다. 또한, 협업과 소통의 기회, 실패와 성공을 경험하고 극복하는

법을 배우는 길잡이입니다.

이 책은 VR교육을 위한 '최고의 하드웨어와 콘텐츠를 선택하는 방법에 대한 완벽한 안내서'이기도 합니다. 또한, 다양한 콘텐츠를 통해 어린이들이 자신의 관심을 발견하고 발전시킬 수 있도록 도와줍니다. 이제는 VR HMD를 통해 영화나 게임뿐 아니라 교육, 안전체험, 생활습관, 의료 등 다양한 분야에서 활용할 수 있는 가능성이 열렸습니다. 이는 어린이들이 미래에 필요한 기술과 지식을 습득하는 데 큰 도움이 될 것으로 생각됩니다.

책의 저자인 홍창준 회장은 AI VR체험교육이 어린이들의 상상력, 탐구력, 사회성, 언어능력을 키우는 데 중요한 역할을 할 것이라 강조합니다. 감수자로서도 이러한 AI VR교육과 이 책의 내용들이 인공지능 디지털시대에 필요한 어린이들의 커뮤니케이션 향상과 창의적 문제해결 능력을 키우는 데도 힘이 될 것으로 확신합니다.

감수자인 저는, 2004년부터 "KAIST 인성 리더십 커뮤니케이션 훈련"을 20년 이상 강의한 경험을 토대로 현재는 학생들에게 시대와 환경의 변화에 걸맞은 새로운 지식과 AI VR기술을 활용한 "초연결사회 세상을 바꾸는 리더십"을 주제로 강의하고 있습니다. 또한, 10여 년간 'KAIST 바이오 및 뇌공학과'에서 대학원 대상으로 "과학 리더십 커뮤니케이션" 수업을 진행하면서 AI와 뇌공학, VR과 바이오테크 산업의 미래를 주시해 왔습니다.

2010년 이후에 태어난 알파세대(Generation Alpha)는 디지털에 익숙한 세대로, 이들은 더 작고 가벼운 기기를 선호합니다. 휴대용 컴퓨터 역할을 하던 스마트폰이 사라지고, '웨어러블 디바이스'의 확장으로 VR HMD가 활용성이 더 커져 스마트폰을 대체할 것으로 예상됩니다. 'AI 기반의 VR체험교육'은 융합적사고로 어린이들의 인성 리더십 향상에도 많은 기여를 할 것으로 기대됩니다.

지금까지 없던 책《어린이 AI VR교육 백과》는 미래를 높은 수준으로 준비하는 데 크게 도움이 될 것입니다. 한편으로 어린이와 선생님들이 VR 기술을 깊이 이해하고 활용할 수 있도록 돕는 역할을 할 뿐만 아니라, 생활 속에서의 VR체험교육으로 더 많은 선한 영향력을 펼칠 것으로 기대됩니다.

추천사

허억 교수
가천대학교 안전교육연수원장
안전전공 석·박사과정 주임교수
도시공학박사

    점점 아이들이 뛰어노는 소리가 들리지 않고 심각한 고령사회로 진입하고 있습니다. 한 명 한 명 소중한 아이들인데 매년 안타깝게도 많은 아이들이 교통안전사고로 인해 세상을 떠나고 있는 현실입니다. 기본적으로 모든 문제는 어른들에게 있다고 봅니다. 어린이들은 너무 미성숙한 존재이기 때문입니다. 부모님들이 신경 써야 하고, 학교나 교사들이 잘 교육해야 하며, 운전자 성인들이 각별히 주의를 기울여야 합니다. 문제는 모두가 바르게 노력하고 있는데도 사고가 난다는 것입니다. 횡단보도에 서 있던 어린이가 초록불에 손을 들고 건너고 있을 때 음주운전자가 그대로 들이받아 사망사고에 이르기도 합니다. 잠시 정차되어 있는 차량 밑으로 물건이 들어가자 그걸 주으려다 안타까운 사고가 벌어진 일도 있습니다. 어린이는 몸만 성숙할 뿐이지 아직 많이 배우고 주의해야 할 존재라는 걸 우리 어른들이 절대 잊지 말아야 하겠습니다.

    《어린이 AI VR교육 백과》를 읽어 보니 위에 언급했던 어린이 교통안전에 꼭 VR기술이 필요하다는 것을 알게 되었습니다. 말로만 가르치고, 그림으로만 설명하는 교육은 한계가 있습니다. 돌아서면 까먹고 무의식적인 행동이 다시 나올 수밖에 없으니까요. 하지만 AI VR교육은 실제 도로교통의 상황에서 보고 듣고 만지고 이동하는 체감형이기에 그 효과는 대단할 수밖에 없습니다. 예를 들어 VR상에서 횡단보도 초록불에 손을 들고 길을 건너가게 합니다. 아이는 배운 대로 손을 들고 길을 건너가는데 갑자기 신호를 무시한 승용차 한 대가 큰 경적을 울리며 지나갑니다. 예상치 못한 상황에 아이는 새로운 것을 체득하게 되는 것이지요. 초록불이 되어서도 항시 좌우를 살피고 차량들이 정지해 있는지를 보고 그때서야 안전하게 길을 건너게 되는 것입니다. 이러한 훈련을 몇 번만 하더라도 우리 어린이들은 확실하게 안전에 대해 배울 겁니다. 100번 듣는 것보다 1번 경험해 보는 것이 더 각인효과가 있기 때문이지요. 그런 의미에서 《어린이 AI VR교육 백과》는 매우 유용한 도서라고 하겠습니다. 어떤 VR이 아이들에게 좋은지에 대한 선택의 기준이 나와 있고, 어떤 콘텐츠가 눈높이에 맞는 것인지에 대한 명확한 설명을 해 줍니다.

  모든 분들이 주관적 성향이 있는 것처럼 저 또한 어린이의 안전교육을 평생 지도하는 교수로서 AI VR기술이 안전교육에 사용되는 것에 초점이 맞추어진 것 같습니다. 많은 관련 종사자분들에게 이 책이 보급되고 읽혀서 수많은 어린이들의 안전을 책임지는 AI VR교육의 기초가 되어 주었으면 하는 바람입니다.

추천사

부모교육전문가 김미경

《어린이 AI VR교육 백과》는 4차 산업시대에 학습혁명의 나침판이다. 무엇보다 노모포비아 시대에 디지털폐해로 길을 잃은 현실 속에서 명확하고 이로운 길이 되어 줄 홍창준 저자의《어린이 AI VR교육 백과》는 차별화된 미래 교과서다. 그리고 무엇보다 디지털 문화에 대해 막연한 두려움을 갖고 있는 많은 부모들이나 어린이를 지도하는 전문가들이 반드시 숙독해야 할 책이라 생각하며 우리 아이들의 창의성과 맞닿아 있는 경험의 세계를 넓혀 주는 기회로 삼아야 한다.

두뇌의 메커니즘과 미래사회를 이해한다면 AI VR교육은 너무나 당연한 현실이다. 이 한 권의 책을 통해 어린이에게 안전하고 유익한 AI VR교육에 대해 알게 되기를 바란다. 인간의 두뇌엔 거울신경이 있다. 그래서 아이늘은 굳이 가르치지 않아도 부모의 반복된 행동과 습관 그리고 주어진 환경을 그대로 배우게 된다. 다양한 세계를 경험하게 될 AI VR교육은 두뇌의 거울신경을 통해 직접 체험한 효과를 보게 된다.

미래세대에 반드시 필요한 검증되고 유용한 정보를 어린이들에게 제공하는 것은 너무나 중요하고 마땅한 것이며 부모나 선생님의 의지로 닿을 수 없는 영역의 환경을 AI VR교육을 통해서 체험한 아이들은 새로운 知平을 넓히며 꿈을 갖게 되는 데도 AI VR교육에 기대하는 바가 크다. 먼저 부모들과 각 분야의 선생님들에게 VR에 대한 충분한 이해를 위한 필수 교과서가 되기를 희망해 본다. 집단교육으로 진행되는 VR교육을 통해 통제와 절제 그리고 질서를 배우는 기회가 대한민국의 모든 아이들에게 주어지기를 희망해 보며 다양한 분야의 콘텐츠들이 개발되어 우리 아이들에게 다양한 재능의 출구가 되어 주기를 기대하며 《어린이 AI VR교육 백과》가 홍창준 저자의 어린이를 향한 오랜 열정의 결실임을 알기에 대한민국 미래교육을 위한 출구가 되어 주리라 확신하며 축하와 감사를 보낸다.

추천사

아동학 전문가 오은영

먼저 홍창준 교수님의《어린이 AI VR교육 백과》출간을 축하드립니다. 오랫동안 함께하던 지인으로서 이렇게 시기적절한 AI 관련 도서를 만나게 되어 매우 기쁩니다.

우리 주변에는 정말 많은 아날로그 세대들이 함께 호흡하며 소통하고 살아갑니다. 아무런 부족함도 없을 듯하지만 어느새부턴가 로봇이 음식 주문을 받고, 인공지능이 대신 그림을 그려 주는 시대의 앞에 서게 되었습니다. 인간적인 정과 소통의 아름다움이 점차 사라지는 것 아닌가 하는 생각도 됩니다.

유아 놀이체육의 대가이신 홍창준 교수님이 어린이 디지털교육에서도 몇 세대 앞서 가는 리더라고 생각되어 앞으로 AI에 관한 미래가 밝을 것이라 확신합니다.《어린이 AI VR교육 백과》는 유치원, 어린이집, 놀이학교, 초등학교, 학원 등에서 교사들이 반드시 알아야 할 AI와 VR에 관한 내용들을 담고 있습니다. 특히 왜 이러한 교육이 시행되어야 하는지에 대한 명확한 이유를 제시하고 있으며, 어떤 것이 옳고 그름을 분간할 수 있는 지표를 보여 줍니다.

어린이 교육 현장에 있는 분들이 대부분 여성 교사입니다. 특히 유아 쪽은 절대적인 여성 교사 중심적입니다만 그로 인해 기계에 대한 불편함과 어려움을 호소하는 것이 사실입니다. VR HMD는 많은 교사들이 다가가기에 복잡해 보일 수도 있고 어렵다고 느낄 수도 있을 것입니다. 그러하기에 매우 쉽고 관리하기도 편한 프로젝터형 터치 기기들이 현장에서 많이 쓰이는 것이 아닌가 싶습니다. 하지만 본 책에서 강조하듯이 VR HMD는 그만의 특별한 가치를 부여합니다. 양안시차에 의한 좌뇌와 우뇌의 협응력이 뇌파를 안정되게 하는 것도 놀라울 뿐만 아니라 시력향상과 ADHD 디지털치료제의 역할도 할 수 있다는 것입니다.

VR을 사용하면 눈이 나빠지는 것 아니냐고 묻는 분들이 많지만 사실 시력이 좋아지게 하는 블록스트링 양안시 훈련의 역사는 오래되었고 그 효과도 충분히 검증되었다고 할 수 있습니다. 의료계에서는 의견차이가 있을 수 있겠으나 가까운 선진국인 일본에서 크게 알려지기 시작하였고 현재는 전 세계에서 활용하고 있는 시지각 훈련법입니다.

《어린이 AI VR교육 백과》는 완전한 초보교사나 디지털교육에 문외한인 학부모님들이 읽으셔도 좋을 만한 내용들로 가득합니다. 중급 정도의 이해도나 관련업에 종사하시는 전문가분들에게도 어린이에 대한 이해 또는 어린이 AI VR콘텐츠를 제작할 때의 중요 지표와 기준을 받아들여 활용하신다면 더욱 발전된 좋은 콘텐츠들이 나오게 될 것 같습니다.

모쪼록 본 도서가 수많은 교사와 학부모님들에게 읽히고 교육되어서 AI 강국 코리아를 만들어 가는 데 일조를 하였으면 하는 바람입니다.

추천사

이효원 교수
한성대학교 문학문화콘텐츠학과 겸임교수
한국외대 겸임교수
용인예술과학대 겸임교수

상상만 했을 뿐 실천하긴 어려웠던 "VR이라는 테크놀로지를 교육에 적용"하는 시대가 왔다. 교육의 도구가 인쇄매체의 텍스트(교과서)에서 영상매체의 시청각 정보로 전환되는 과정은 순탄했다. 그러나 하드웨어와 소프트웨어가 상용화될 만큼 갖춰졌음에도 불구하고 VR을 활용한 가상현실을 교육에 접목하기는 쉽지 않다. 그 이유는 이 책의 두 번째 챕터에서 많은 페이지를 할애하여 변론하는 것처럼 VR에 대한 오해 때문이다.

눈이 나쁜 아이에게서 읽고 있는 삼국지 책을 뺏을 것인가? 일타 강사 정승제 인강을 듣고 있는 아이에게서 뇌파를 불안하게 만드는 스마트 기기를 뺏을 것인가? 득과 실. 선택의 문제다. 이 책은 VR을 활용한 아이들 교육이 실보다 득이 많음을 서술하고 있다. TV를 바보박스라고 기피하던 시절을 비웃는 오늘처럼 훗날 VR에 대한 편견을 과거의 추억으로 회상할 날이 올 것이다.

추천사

유수호
EBS〈모여라 딩동댕〉
뮤지컬〈번개맨의 비밀〉
서울교육청 문화예술강사

　어린이 교육 현장에서 디지털교육이 점점 중요해지는 시기인 것 같습니다. 블록을 쌓고 모래놀이를 하고 친구들과 뛰어노는 시기의 아이들에게 너무 기계문명과 디지털 기기에 빠져들게 하는지 걱정도 됩니다. 하지만 현재와 미래는 디지털세상이기 때문에 우리 소중한 아이들이 그러한 세상에 적응하고 융화되어 살아가려면 지금의 AI나 VR교육은 시기적절한 것 같습니다. 어린이 방송을 오랫동안 해 오면서 느낀 것도 많지만 본 도서의 저자이신 홍창준 회장님의 카멜레온처럼 트랜드 변화에 딱 필요한 정보와 지식을 들고 와서 내어놓는 교육철학에 더 많은 자극을 받은 것 같네요. 2019년도에 세계 최초의 스틸 VR 동화 시리즈에 주연으로 출연 제의가 왔을 때 다른 건 몰라도 홍 회장님이 하시는 일이니 무조건 하고 보자는 생각이었습니다. 항상 맞는 길을 걸어온 분이시니 그 당시의 선택과 결정도 당연히 맞을 거라 생각했고요. 벌써 오랜 시간이 지났지만 그때 시작한 유아나 초등 대상의 VR교육이 얼마나 앞선 마인드와 기술이었는지 새삼 놀랍습니다.

어린이의 몸 건강을 책임지는 놀이체육의 달인이면서 또 이제는 어린이의 두뇌건강을 책임지는 AI VR교육의 달인으로 앞서 나가고 계시네요. 《어린이 AI VR교육 백과》는 말 그대로 어린이의 AI 교육이 VR로 흘러가게 되며, 그 어린이 VR이 어떻게 교육되어야 하는지를 자세히 가르쳐 주는 백서이자 백과입니다. 어린이 교육 현장에서의 오랜 경험이 있지 않고는 알 수 없는 실질적인 적용 사례와 방법들을 제시하기에 현장에 계시는 교사들에게 꼭 필요한 지식들이 아닐까 싶습니다. 모쪼록 이 책이 한국을 넘어 세계적으로 알려지고 어린이 AI VR의 표준으로 자리 잡길 기원합니다.

추천사

김석아
중국 해남 AI VR 사업 총괄 대표

《어린이 AI VR교육 백과》는 홍창준 교수님께서 사명감으로 밤낮 쉬지 않고 연구해 낸, 현재로선 최고 앞선 기술이라고 봅니다. AI가 급속히 발전하는 이 시대는 가상세계 체험이 인기를 끕니다. 우리 일상생활의 모든 것이 VR에서 실감 체험할 수 있는 시대가 왔고 우리는 충분히 그 디지털문명을 누려야 할 권리가 있습니다.

이 세상 떠나신 분이 그리우신가요? 만약 살아 계신 것처럼 AI기술을 활용한 VR로 보여 드린다면 어떨까요? 중국은 한국인에게 항상 뒤쳐진 기술 문명의 후진국으로 인식되어 온 것 같습니다. 하지만 중국의 DJI라는 회사는 전 세계 드론 시장을 석권했으며, 중국 피코VR은 세계 2~3위 내외를 넘보고 있는 큰 기업입니다. VR 카메라 또한 인스타360 시리즈가 성능과 가격 면에서 타의 추종을 불허합니다. 하얼빈 공대 같은 우수한 인재양성 대학교가 많기에 이제는 세계 최고의 기술력을 자랑하는 중국이라고 보시는 것이 맞습니다. 저자이신 홍창준 교수님은 세계 최초로 유아 스틸 VR을 세상에 내놓으셨고 어린이 VR 전문가임을 인정받아 피코VR(틱톡 모회사 바이트댄스에서 1조 6천억 원에 인수)로부터 2019년부터 적극적인 지원과 후원을 받고 계시기도 합니다. 《어린이 AI VR교육 백과》는 이러한 홍 교수님의 노력과 연구가 스며들어 있는 전문 도서입니다. 가볍게 읽는 소설이나 에세이북이 아닌 보다 전문화된 책이라는 뜻입니다. 하지만 현장의 교사나 VR 개발자뿐만 아니라 각계 사회단체 인사들 또는 학부모들이 반드시 읽어야 할 필독서입니다. 남들이 안 된다고 할 때도 된다는 확신을 가지고 오랜 세월 묵묵히 연구하고 개발하며 하루 두세 시간밖에 못 주무신다고 알고 있습니다. 중국이나 미국, 유럽 같은 선진국들은 이미 VR기기를 메디컬 유료기기나 심리치료, 두뇌개발, 치매 예방 등으로 사용하고 있습니다. 당연히 교육을 흡수하는 시기인 어린이 대상의 콘텐츠도 발달해 있습니다. 한국도 이제 변화에 적응해야 합니다. 컴퓨터가 대중화될 시기에 전자파가 몸에 해롭다며 왈가왈부할 때도 있었고, 스마트폰이 처음 나올 시기에도 거북목증후군이나 시력저하 등의 수많은 문제점들을 이야기했었습니다. 지금 현실은 어떨까요? 어린이부터 노년에 이르기까지 모든 사람이 1인 1기기를 휴대하며 사용합니다. 하루 8시간 이상 사용하는 사람들도 많습니다. 핸드폰은 귀에 대도 되고 VR은 눈에 대면 안 된다? 이 책에서 궁금한 자료와 지식들을 찾아보실 수 있을 겁니다.

  모쪼록 이 책이 중국어로 하루빨리 번역되어 중국 어린이 AI VR교육 시장에 첫발을 내딛기를 희망합니다.

추천사

김부균
《어린이 AI VR교육 백과》 집필위원

　늘 실험정신이 가득 찬 창의력으로 우리를 자극하는 21세기 방정환, 홍창준 교수의 《어린이 AI VR교육 백과》의 집필 위원으로서 활약하게 되어 기쁩니다.
　바야흐로 지금 우리는 인공지능 세대에 발맞춰 살아가고 있죠. 메뉴를 주문할 때도, 심지어 전화를 걸 때에도 말입니다. 인공지능을 무서워하는 우려의 목소리도 있지만 우리가 살아가는 데 어쩔 수 없이 인공지능을 생활 깊숙이 받아들여야 하는 현재, 이 친구를 더 현명하고 스마트하게 교육시켜 우리에게 편리함과 아이디어를 더 업그레이드할 수만 있다면 더 이상 무섭지 않게 될 것입니다. 오히려 우리를 위해 필요한 든든한 조력자가 될 수 있죠!
　그래서 AI나 VR이 게임, 또는 단순한 인간의 업무를 대신하는 것 이외에 무한한 가능성을 이용해 간접 경험 등으로 견문을 넓혀 교육에 지친 어린이들을 위해 학습에 흥미를 가질 수 있는 방법을 공유하고자 합니다.
　그래서 어린이들의 호기심과 놀라움을 자극하고, 더 나은 미래를 위한 학습 방식을 형성하는 데 도움이 되는 책을 만들기 위해 최선을 다했습니다.

　자, 그럼 지금부터《어린이 AI VR교육 백과》를 통한
　더 밝고 행복한 미래를 준비하는 여정을 함께 시작하시죠!

CONTENTS

머리말 4
감수의 글 8
추천사 11

PART 01 　어린이 AI VR교육 이론

   1. AI, VR, AR의 이해　　　　　　　　　　　　　　　28
   2. 어린이 AI VR교육의 이해　　　　　　　　　　　　45
   3. AI VR콘텐츠란?　　　　　　　　　　　　　　　　54

PART 02 　어린이 VR교육을 걱정하지 않아도 되는 이유

   1. 어린이 VR교육이 게임중독으로 발전하는가?　　　66
   2. 어린아이는 머리가 작아서 문제가 되는가?　　　　73
   3. VR이 아이의 눈 건강에 문제가 되는가?　　　　　78
   4. VR교육 시 어린이의 목 건강에 문제가 되는가?　　87
   5. 어린이 VR은 어지럼증 문제를 해결하였는가?　　　92

PART 03 　어린이 VR교육의 기대효과

   1. ADHD 치료와 집중력 향상 및 두뇌 밸런스 조절　　　　　　100
   2. VR교육을 통한 관찰력과 탐구심 향상　　　　　　　　　　108
   3. 사교성과 사회성 발달촉진　　　　　　　　　　　　　　　112
   4. 언어 표현과 인지능력 발달　　　　　　　　　　　　　　　115
   5. 두뇌발달과 아이디어 창출 효과 등　　　　　　　　　　　119
   6. 연구자료, 자폐아와 ADHD, 공포증 치료로 쓰이는 'VR 정신치료'　121

PART 04 **어린이용 VR 하드웨어와 콘텐츠 선별 요건**

    1. 하드웨어 선별 방법   126

    2. 콘텐츠 선별 방법   134

PART 05 **어린이용 AI VR콘텐츠의 구분과 예시**

    1. 영상 기반 VR콘텐츠의 구분과 예시   148

    2. 그래픽 기반 VR콘텐츠의 구분과 예시   156

PART 06 **어린이 AI VR교육 방법과 VR시설 가이드**

    1. VR교육 계획안 작성   164

    2. VR교육 전 사전 준비사항   166

    3. VR교육의 실제 - 1타임 30분 기준   170

    4. 유치원과 초등학교를 기준으로 한 현장 활용안   176

PART 07	**VR HMD의 기능조작 및 관리**	
	1. VR HMD의 선택과 외형구조	182
	2. 피코 VR의 조작 방법과 준비사항	186

PART 08	**국내외 VR교육 현장과 해외 학부모 인지도 조사**	

부록	어린이 VR교육지도사 자격검정 기출문제	200
기타	참고 문헌과 자료	206

PART 01

어린이 AI VR교육 이론

1. AI, VR, AR의 이해 28
2. 어린이 AI VR교육의 이해 45
3. AI VR콘텐츠란? 54

01 AI, VR, AR의 이해

VIRTUAL REALITY

1) AI는 무엇일까?

(1) AI의 정의와 이해

'AI'는 Artificial Intelligence의 약자로 '인공지능'을 뜻한다. 쉽게 말해 사람의 두뇌처럼 생각하고 추론하고 학습하여 현명한 결과를 만들어 내는 인공적인 지능이라 할 수 있다.

과거에도 인공지능이 있었으나 2024년도를 'AI의 원년'이라고 칭하기 시작한 것은 엔비디아(NVIDIA)라는 GPU회사가 AI반도체칩으로 전 세계를 석권하면서 생겨났다 해도 과언이 아니다. 인공지능을 구현하기 위해서는 그 지능을 가질 수 있는 하드웨어가 뒷받침되어야 한다. 아무리 소프트웨어를 잘 만들어도 결국 타고난(?) 하드웨어가 중심이 된다. 그로 인해 이전까지는 개인용 퍼스널컴퓨터 성능에 의해 인공지능이 구현되는 한계를 지녔다면 현재는 구글과 같은 초거대기업에서 제공하는 수십만 대 이상의 인공지능 AI칩이 병렬 연합하여 생성형 인공지능 결과물을 만들어 내게 되었다. 이는 기존의 빅데이터와 빠른 인터넷 전송속도, 이를 학습하고 훈련하여 인간의 창조능력을 이해하게 된 AI반도체가 이룬 쾌거라 할 수 있다.

▲ AI는 인간의 모든 지식을 스스로 학습한다.

(2) AI를 활용한 현재와 미래 트렌드

대부분의 사람들은 인공지능과 기계화된 문명 속에 살면서도 그것이 얼마나 고도로 발전된 기술들인지 체감하지 못한다. 그저 뉴스에 나오는 신기한 기술 발전의 모습 정도로만 이해할 뿐이다. 과거 10년이면 강산이 변한다고 했으나 현재는 불과 3개월만 지나도 몰라볼 정도로 빠르게 세상이 변하고 있다. 핸들이 없는 무인 자동차가 상용화되는 시점이 되어 우리 아이들은 운전면허조차 취득할 필요가 없어질 것이다. 선생님이 지식을 전달하는 학교 교육에서 벗어나 인공지능을 통한 즉각적인 개인교습 시대가 도래하게 된다. 요식업에서는 이미 인공지능이 사람의 손맛을 배우고 익혀서 일류 셰프의 요리를 내어놓는 시대가 되었다. 두뇌는 인공지능이 담당하고, 몸은 로봇이 대행하는 식이다. 사람의 지능이 뛰어날까? 아니면 인공지능이 뛰어날까? 이것의 정답은 로봇의 신체에서 힌트를 얻을 수 있다. 사람의 몸은 8시간 잠자고, 8시간 식사와 휴식을 취하며, 8시간 일을 하는 패턴을 가진다.

▲ 대학교에서 교수 대상 AI로봇 연구를 강의 중인 홍창준 교수

하지만 로봇은 먹지도 않고 자지도 않으며 임금인상조차 원하지 않고 24시간을 일하는 존재이다. 사람은 3교대 근무를 해야 하겠으나 로봇은 1대가 최고 3명 몫을 해낸다는 이야기다. 세계적인 석학들의 미래분석보고서를 예로 들어 보자. 멀지 않은 가까운 미래에 인류의 90% 이상은 직업이 없는 세상에 살게 된다고 한다. 여태껏 창업자는 일을 시키고, 직원들은 시키는 일을 해 왔다. 이제 회사의 리더와 임원들을 제외한 사무직과 생산직 모두가 인공지능 로봇에 의해 직업을 잃게 될 것이다. 인류에게 있어서 AI는 축복이 아닌 재앙이라 할 수 있다. 빈익빈부익부가 더욱 심화되듯이 직업도 대부분 최고의 자리에 있는 프로그래머나 오퍼레이터, 슈퍼바이저 등이 아니면 모두 인공지능에 대체될 것이다. 창조의 영역은 신의 영역이라 칭했기에 안심했었지만 그것 또한 허상에 불과하다. 수십, 수백 년간 인류가 저장해 놓은 빅데이터를 기반으로 초고

속 학습을 하는 인공지능이 글 작가, 미술가, 작사 작곡가, 포토그래퍼, 영상제작자 등 모든 분야에서 1위를 하고 있다. 알파고가 바둑계를 휩쓴 이후 단 한 번도 사람이 바둑을 이기지 못했던 것처럼.

생성형 AI로 만든 콘텐츠

▲ 생성형 AI로 만든 VR콘텐츠

  본 책에서 미래의 심각성을 다루자는 이야기는 아니지만 적어도 아이들만큼은 다가올 미래에 대비하여 완전한 디지털교육에서 학습하며 살아가는 방법을 배워 나아가야 할 것이다.

  아직도 대부분의 어른들은 컴퓨터 중독이다, 핸드폰 중독이라며 디지털 문명 속에 살아가는 아이들을 방해하고 있다. 아날로그 세대와 디지털 세대의 불협화음이 아닐 수 없다. 문맹은 컴맹과 같고 컴맹은 폰맹과 같다. 디지털을 이해하지 못하고 인공지능을 다루지 못한다면 거꾸로 인공지능의 지배를 받아야 할 처지가 될 수도 있다는 것을 교육자들은 반드시 명심하여야 할 것이다.

2) VR과 AR은 무엇일까?

(1) VR이란?

'VR'은 Virtual Reality의 약자로 '가상현실'을 말한다. HMD^{HEAD MOUNTED DISPLAY}라 하는 VR 헤드셋 기기를 머리에 착용하여 현실에 가까운 미디어를 체험하는 데 그 목적이 있다. 보통 VR체험이라고 하는데 VR은 가상현실을 통칭하는 것이고, HMD는 VR 체험이 가능하도록 제작된 기기를 말한다.

▲ 어린이의 VR HMD 착용

일반적인 TV나 컴퓨터, 스마트폰 등은 하나의 디스플레이를 두 개의 눈으로 시청하는데 이를 '모노스코픽'이라 부른다. 정보를 받아들일 때 평면 2D의 상태이므로 그 영상 자체가 현실로 다가오는 데에는 한계가 있다. VR의 기본은 실제에 가까운 가상의 체험인데 사람은 오감을 통해 사물이나 환경을 인지하므로 절대적 감각인 시각과 청각 제어가 중요하다.

VR기기라 하면 머리에 착용하고 2개의 시각 디스플레이와 청각 헤드폰으로 입체적 스테레오 미디어 형식을 취하는 것을 말한다. 시각적 정보는 입체감과 깊이감이 중요한데 단일 평면 디스플레이는 깊이감이나 거리감 등을 느끼게 하는 데 한계가 있다. 가상현실을 위해 해부학적인 양안의 가시적 눈속임이 필요하기에 각 눈에 한 쌍의 다른 영상(수평 안구의 위치적 시각차)을 보여 주어 실제처럼 뇌에서 입체감을 갖도록 한다. 이를 '스테레오스코픽'이라 부른다.

즉 VR이란 인간의 감각을 이용해 사이버 공간을 현실처럼 인식시키는 기술이자 인공으로 만들어 낸 가상의 특정한 공간, 환경, 상황에서 사용자의 오감을 자극하여 실제와 유사한 공간적, 시간적 체험을 가능하게 하는 기술이며, 가상으로 존재하는 세계를 현실 세계처럼 실제로 보고 듣고 느낄 수 있게 한 것이다.

"즉 존재하지 않으나 사용자의 감각을 통해 체험하는 인공 현실이다."

▲ 패러글라이딩 VR 가상체험

(자료: 주식회사 한국코넷-유아콘VR)

(2) HMD의 종류와 구조

'헤드 마운티드 디스플레이'라 불리는 HMD는 가상현실의 포괄적 개념으로 보통 VR이라고 한다. HMD는 그 이름처럼 머리에 직접 디스플레이 기기를 착용하고 콘텐츠를 즐기는 기기이다. 영화 같은 영상을 보기도 하고 게임 같은 컴퓨터그래픽 콘텐츠를 즐기기도 한다.

HMD에는 여러 종류가 있다. PC 기반의 VR은 화질과 성능이 월등한 대신 대부분 컴퓨터와 유선 연결하여 사용해야 하는 제약이 있다. 특히 컴퓨터 자체의 성능이 뛰어나야 하므로 VR과 컴퓨터를 같이 구입하거나 컴퓨터의 사양을 업그레이드해야 하는 상황이 생길 수 있다.

영상 기반의 VR을 대부분 즐긴다면 굳이 값비싼 PC 기반의 VR HMD를 구매할 필요가 없다. PC 기반의 고성능 VR은 그래픽 기반의 게임 같은 실감체험형으로 사용하는 데 적합하다. 또한 2024년 기준으로 제품군들을 살펴보면 대부분 무선으로 연동되기 때문에 스탠드 얼론형과 구분도 모호해지고 있는 게 사실이다. 즉, 스탠드 얼론형 VR을 구매하여 사용하다가 고성능을 원하는 그래픽 콘텐츠를 하고 싶을 때는 PC에 연결해서 사용할 수 있다는 이야기이다.

스탠드 얼론 제품군은 메타(오큘러스), 피코, 애플비전프로 등이 있으며 모바일용 CPU와 LCD등 VR구동에 필요한 모든 장치를 기기에 내장시켜 완전 무선의 형식으로 사용할 수 있는 장점이 있다. 현재의 VR은 이미 스탠드 얼론형 제품군이 대중적으로 인기를 끌고 있다.

카드보드형 제품군은 골판지를 접거나 혹은 금형으로 제작한 VR의 외형에 스마트폰을 삽입하여 VR체험을 할 수 있게 하였다. 삼성의 기어VR이나 구글의 카드보드 등이 대표적인 카드보드형 제품이다. 무선이면서 스마트폰을 넣어서 사용하기 때문에 가장 저렴하게 VR을 경험할 수 있다.

HMD는 구조가 의외로 간단하다. 안면 부위에 압착할 VR의 외형 부분을 제외하면 크게 LCD 화면장치, 볼록렌즈, CPU나 RAM 등의 VR구동 하드웨어 장치가 전부이다. 본《어린이 AI VR교육 백과》에서는 디바이스 장치를 세세하게 알 필요는 없으니 첨부한 그림을 살펴보고 이해하는 정도면 충분할 듯하다.

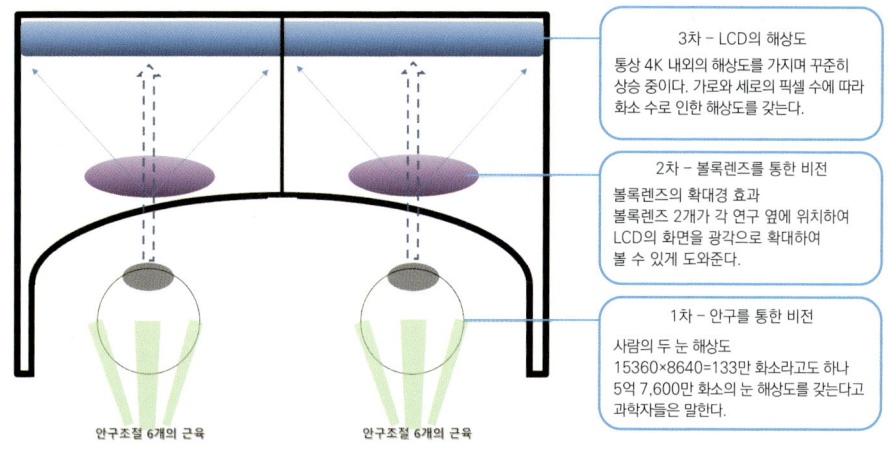

▲ VR HMD의 구조와 메커니즘

(자료: 주식회사 한국코넷-유아콘VR)

(3) HMD의 작동 원리

HMD는 VR용으로 제작된 콘텐츠를 볼 때 2D, 3D, 180도, 360도의 사진, 영상 등을 자동으로 구분하여 플레이할 수 있게 되어 있다. VR콘텐츠를 볼 때 우리의 눈은 가까이에 있는 LCD를 볼록렌즈를 통해 확대해서 보는 것임에도 불구하고 먼 거리로 착각하게 만든다. 실제 눈과 화면의 거리가 아닌 멀리 있는 피사체로 보인다는 것이다. 이는 양안의 시차에 맞게 VR전문 카메라로 촬영하거나 컴퓨터그래픽으로 제작하여 실제 거리감을 느끼게 하였다.

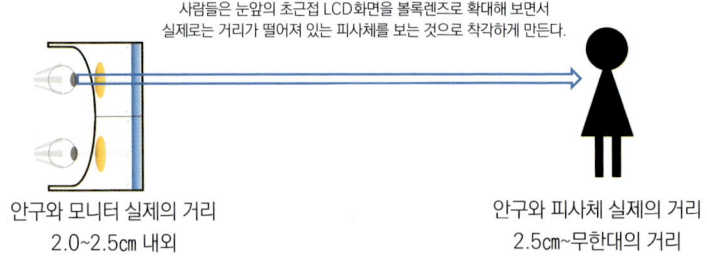

▲ 물리적 거리와 안구 인지 거리의 차이

또한 수평과 방향을 감지하는 여러 센서에 의해 기본 3방향에서 6방향까지도 기기가 인식하게 하는 추세이다. 이는 고개의 움직임을 감지하는 헤드트래킹 기술과 함께 대부분의 움직임을 실시간 감지하여 그 방향에 맞게 화면을 똑같이 이동해 준다. 그로 인해 VR착용자는 자유롭게 시선과 고개를 움직이는 자율성을 가지고 눈에 보이는 세계를 탐험할 수 있는 것이다.

HMD VR은 잠시 잠깐의 체험으로 즐기기에는 너무 아까운 기기이다. 영화를 보고 게임을 즐기는 형태로 많이 발전되고 있으나 이를 교육이나 안전체험에 적극 활용하여 보다 나은 미래를 여는 데 일조하였으면 하는 바람이다.

(4) VR의 역사적 배경과 변천사

VR의 역사는 1838년까지 거슬러 올라간다. 현시대의 사람들이 4차 산업혁명으로 거론하는 3D 프린터, 드론, 인공지능 로봇, VR, AR 등은 이미 오래전부터 연구되어 온 분야이다. 대중이 아닌 산업용 또는 연구용으로 개발되던 고비용의 분야이기 때문에 알려지지 않았을 뿐이다.

VR은 지금의 방식과 다소 차이가 있을 수는 있으나 가상의 현실을 보기 위한 목적은 같았다. 영상보다는 사진이 먼저 태동했기 때문에 입체 사진을 찍고 이를 활용하기 위한 연구가 활발히 진행되었다. 사진의 발달 후에 그 필름들을 모아 연속적으로 보여 주는 기법을 통해 동영상이 개발되었다. FPS라고 하는데 Frame per Second의 약자로 '1초당 보이는 사진의 개수'를 말한다. 예를 들어 30fps라고 하면 초당 30장의 사진을 연속적으로 보여 주는 것이다. 옛날 영화들은 기본 24프레임이었으나 디즈니 애니메이션의 경우 60프레임으로 매우 부드러운 영상을 보여 준다. 컴퓨터 게임은 본체의 성능에 따라 실시간 프레임이 달라지는데 보통 120프레임 내외까지도 보여 주는 초현실성에 다다랐다.

산업의 발달로 인공지능이 향상되어 하드웨어와 소프트웨어가 상상할 수 없는 수준에 이르러 2024년이 'AI의 원년'으로 불리는 시기가 되었고, 이후로는 더욱 실제 같은 가상현실을 볼 수 있을 것으로 기대한다.

【VR 역사적 배경】

연도	주요 내용
1838	Stereoscopic photo & viewers
1950	Morton heilig Sensorama : 스테레오스피커, 스테레오스코픽 3D 디스플레이, 팬, 냄새생성기, 진동의자로 구성
1960	The first VR HMD(Head Mounted Display) : 동영상이 아닌 3D 스테레오스코픽과 스테레오사운드의 와이드 비전 제시
1968	Sword of Damocies : HMD와 컴퓨터와 연결한 형태 등장
1987	Virtual reality 명칭 처음으로 등장: 데이터 글로브, 이어폰 장착 HMD
1991	The Virtual Group Arcade Machines : 아케이드 게임을 통해 대중 사용 시작, 게임 플레이어는 VR 고글 착용, 복수 플레이어 동시 네트워크로 게임 가능
1993	SEGA VR 헤드셋 : 트래킹 글래스, 스테레오 사운드, LCD스크린, 시장 출시 못 함
1995	Nintendo Virtual Boy(VR 32) : 3D 게임 콘솔, 180불로 일본, 북미시장 출시했으나 소프트웨어 기술지원 미흡과 콘솔 사용감 불편으로 시장에서 실패
현재	Virtual reality in the 21st century : 구글 카드보드(DIY 헤드셋), 삼성 갤럭시기어, Oculus Rift(FB인수)를 비롯해 MS, Sony, HTC 등도 VR시장에 진입하여 경합이 치열함

(5) AR이란?

AR은 Augmented Reality의 약자로 '증강현실'이라 한다. 현실 세계의 보이고 느껴지는 것에 추가적으로 가상의 객체를 만들어 현실감을 증강시키는 데 목적이 있다. 예를 들어 집에 흰 벽이 있고 아무것도 없는 평면이라면 그곳에 AR기술로 대형 TV가 나타나게 하여 방송 시청을 할 수 있다. 테이블 위에는 입체적으로 만들어진 가상의 수족관이나 어항이 있고 창가에는 꽃과 화초들로 가득 차게 만들 수도 있다.

마이크로소프트가 개발한 '홀로렌즈'라는 기기가 대표적인데 VR과는 달리 큰 고글형의 안경을 쓰고 부팅하면 눈앞에 보이는 현실에 AR기기가 가상의 객체를 씌워 주는 방식이라고 할 수 있다. 다만 가격이 고가이기 때문에 대중화에는 무리가 있다.

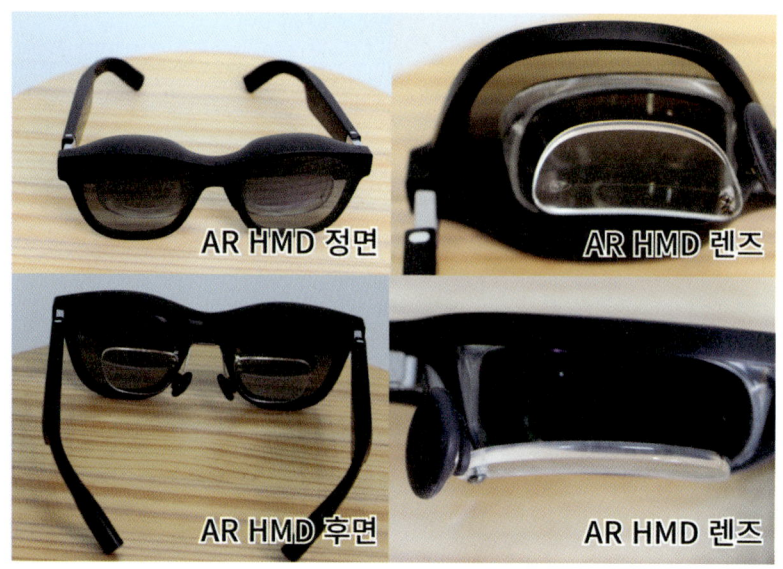

▲ 증강현실 AR HMD의 외형 구조

대중성을 위해 많은 개발사들이 고민하던 중 스마트폰 또는 프로젝터를 활용한 변형된 AR을 선보이기 시작했다. 실제 개발된 콘텐츠들 중에 동화책을 펼치고 스마트폰을 켜서 바라보면 동화책 위에 동화 주인공들이 입체로 나타나서 살아 움직이는 신기한 경험을 할 수 있다. VR과 같이 눈에 착용하는 AR기기가 대중화된다면 의료, 교육 분야 등에서 매우 큰 영향력을 발휘할 것으로 생각된다. 참고로 애플에서 출시한 '애플비전프로'는 VR기기에 외부 촬영 카메라를 활용하여 기능을 확장한 XR기기라 할 수 있다. 온전한 AR은 아니지만 현재로서는 VR하드웨어에 카메라를 활용한 XR기기의 AR적 활용이 현명한 것으로 이해해야 할 것이다.

▲ AR HMD를 활용하면 매우 효율적인 작업이 가능하다.

(6) VR과 AR의 차이점

많은 사람들이 의외로 VR과 AR을 구분 짓는 데 어려워하는 것 같다. VR은 가상현실이고 AR은 증강현실이라 한다. 말 그대로 해석해 보자. VR은 눈에 보이는 '모든 곳'을 가상의 공간으로 만들어 실제라고 착각하게 만드는 기술이고, AR은 눈에 보이는 '일부'를 가상의 객체로 만들어 실제라고 착각하게 만드는 기술이다. 모든 걸 가상으로 보이게 하니 가상현실인 것이고, 일부를 증강시켜 현실에 조합한 것이니 증강현실이라 생각하면 쉽다.

기기를 보아도 확연히 차이가 난다. VR기기는 시야를 완전히 커버하기 위해 작은 빛이 새는 것까지 방지하고자 노력한다. 안면에 완전히 밀착하고 귀에 헤드폰을 착용하여 시각과 청각을 완전히 제어하길 원한다. 외부에서 들어오는 잡음과 시각적 정보를 원천 차단하는 것이다. 그래야만 VR의 세계에 몰입을 할 수 있다. 즉 VR은 몰입형 기기이다.

▲ VR HMD와 AR HMD를 착용한 어린이

AR기기는 고글이나 선글라스처럼 약간 불투명하게 되어 있어서 시야가 크게 방해받지 않는다. 톰크루즈 주연의 영화 '마이너리티 리포트'나 '아이언맨' 같은 SF영화를 보면 흡사 AR의 기술을 이해하기 쉬울 듯하다. 아이언맨의 슈트 안에서 보는 각종 정보창이 AR기술이라 할 수 있다. 이는 원래 군사적 목적으로 개발되어 전투기 조종사들이 눈앞에 적기를 감지하며 신속히 대응하기 위해 발전한 것으로 보아도 무방하다. 자동차 운전을 할 때 HUD(헤드 업 디스플레이)가 장착된 차는 속도계나 내비게이션 등이 차 유리에 떠 있듯이 표기되는 것도 AR기술이라 할 수 있다.

꼭 알아야 할 것은 VR이나 AR이 모두 머리에 쓰는 HMD형태이어야 한다는 점이다. 어린아이들이 TV를 볼 때 자꾸 앞으로 가까이 가려는 이유가 무얼까 생각해 보자. 상하좌우의 시야를 방해하는 요소를 줄이기 위한 무의식적인 행동이다. 더 집중하고 몰입하고 싶은 욕구라고 할 수 있다. 이 때문에 VR의 교육적 몰입 효과를 얻기 위해서는 눈에 가까이 착용하는 VR HMD나 AR HMD가 반드시 필요하다(기기가 비싸다는 이유로 어른들의 상업적 욕심에 의해 프로젝터를 사용한 변형된 VR과 핸드폰을 사용한 AR이 성행하는 것이다).

VR기기를 쓰게 되면 나는 이곳에 있지만, 전혀 다른 공간에서 전혀 다른 사람으로 태어난 것 같은 착각을 하게 된다. 쉽게 말하면 VR은 자기 자신의 존재를 전혀 다른 공간으로 이동시킨 것처럼 보이게 할 수 있다.

VR은 HMD[1]을 쓰게 되면 내 현재의 주변이 보이지 않고 이 콘텐츠에 의해 전혀 다른 곳으로 이동한 것처럼 느끼지만 AR은 내가 있는 곳의 일부분만 가상으로 만들어 주는 기술이다.

【VR과 AR 차이점 및 특징 비교】

	VR(가상현실)	AR(증강현실)
특징	시야에 보이는 모든 곳을 가상 이미지로 구현해 내는 기술	현실의 일부에 3차원 가상 이미지를 결합하여 보여 주는 기술
	- 180도 또는 360도 시야를 완전 커버 - 전용 VR기기 사용	- 시야의 일부를 객체로 덧씌움 - 전용 AR기기 또는 스마트폰 사용

[1] HMD(Head mounted Display)란 안경처럼 머리에 쓰고 대형 영상을 즐길 수 있는 영상표시장치. 휴대하면서 영상물을 대형 화면으로 즐기거나 수술이나 진단에 사용하는 의료기기에 적용할 수 있는 차세대 영상표시장치다.

3) 하드웨어 플랫폼의 변화

(1) 스마트폰이 사라진다!

오래전 과거를 보면 핸드폰은 말 그대로 통화를 위한 핸드폰이었다. 하지만 스마트폰과 앱 생태계가 만들어진 이후로는 통화의 기능을 하는 휴대용 컴퓨터가 되었다. 실제로 중저가의 노트북에는 스마트폰에 들어가는 스냅드래곤(Snapdragon, 금어초^{金魚}^草를 뜻하는 영어 낱말) 프로세서가 동일하게 들어간다. 즉, 스마트폰과 태블릿 또는 노트북이 같은 하드웨어 플랫폼을 공유하고 있다는 의미이다.

스마트폰의 꽃은 앱을 다운받을 수 있는 앱스토어에 있다. 언제든지 원하는 앱을 다운받아 스마트폰의 기능과 역할을 무한하게 키울 수 있다는 의미이다. 예를 들어 길을 못 찾을 때에는 내비게이션 앱을 다운받아 사용하면 된다. 외국인을 만나서 대화가 안 될 땐 통역 앱을 다운받아 활용한다. 전 세계의 사람들과 소통하는 SNS도 스마트폰으로 해결하는 시대다. 그럼 현재를 조금 벗어나 가까운 미래로 이동해 보자. 모든 소프트웨어에는 플랫폼이 지배한다. 그 플랫폼은 결국 OS^(Operating System)의 지배를 받는다. 예를 들어 쇼핑몰 플랫폼이 있다고 하자. 쇼핑플랫폼에 갖가지 회사의 제품들이 판매되고 있으니 플랫폼이 맞다. 그건 기기를 운용하는 OS 안에서만 작동한다(컴퓨터는 윈도우 OS, 스마트폰은 안드로이드가 있듯이). 또, 그 OS가 절대적 영향을 받는 것이 하드웨어 플랫폼이다. 다시 말해 스마트폰 안에 안드로이드 OS가 지배하고 있고, 그 안에 포털사이트나 기타 플랫폼들이 있는 것이다.

스마트폰이 세상을 지배한 지 매우 오래된 듯하다. 모 칼럼에서 혹자는 디지털문명의 가장 불편한 기기를 스마트폰으로 꼽았다. 사용할 때는 좋지만 아직 너무 무겁고, 비싸고, 파손의 위험이 있어서 불편하다는 것이다. 이 때문에 발전하는 미래 트렌드는 웨어러블 기기이다. 2024년 기준 삼성과 애플 같은 대기업들이 출시하는 스마트링은 점차 스마트폰을 대체할지도 모른다. 한번 충전하면 수십 년간 재충전 없이도 사용할 수 있는 배터리까지 개발되고 있는 상황이다. VR HMD는 너무 크고 무겁다? VR의 매니아들은 VR HMD의 다양한 활용성에 입을 모아 이야기한다. "미래 디스플레이 기기의 중심"이라고. 더 가벼워지고 있고, 더 성능이 좋아지고 있으며, 더 현실 같은 감동을 전달하게 될 것이다. 사람들은 VR HMD를 잠시 잠깐 사용해 보고 어지럽다느니 불편하다느니 불평을 늘어놓기도 한다. 하지만 본 책에서 서술한 뿌리칠 수 없는 기적 같은 효과들을 경험하게 된다면 어느새 VR의 마니아가 되어 있을 것으로 생각한다.

(2) 웨어러블 기기의 등장

스마트폰이 사라진다고? 사람들의 니즈는 더 작고, 더 가볍고, 더 큰 화면을 원한다. 그건 아이러니 그 자체이다. 디바이스를 작게 만들면서 큰 화면을 원한다? VR HMD는 웨어러블 기기이다. 고글이든 안경이든 더욱 기술이 발전하여 가벼워지면 굳이 손에 핸드폰을 들고 다니지 않아도 눈 안에 모든 정보가 펼쳐지게 될 것이다. 애플이 비전프로를 내놓으면서 VR도 아니고 AR도 아닌 '공간형 컴퓨팅'이라 부른 이유가 있다. 초기작들에 모든 것을 평가하지 말자. 기술은 놀랍도록 빠른 속도로 발전하고 있으니 정말 눈 깜짝할 사이에 맨몸으로도 핸드폰과 컴퓨터를 길거리에서 사용할 수 있을 테니까. 손가락에는 스마트링, 손목에는 스마트워치가 있고, 안경에는 스마트 비전 시스템이 탑재되어 서로 연동된다면 하드웨어의 분산과 함께 충분히 스마트폰을 대체하고도 남을 수 있다.

▲ 웨어러블 기기와 모든 전자기기가 연동되는 시대

이미 컴퓨터에서는 클라우드를 활용한 구독형 서비스가 대세로 자리 잡혔다. 컴퓨터 성능이 좋지 않아도 구글이나 네이버 같은 큰 기업들이 생성형 AI에 천문학적 자금을 쏟아붓고 있으니 우리는 거기에 접속하여 생성형 AI로 슈퍼컴퓨터의 결과물을 손쉽게 얻을 수 있다. 곧 휴대형 기기가 고성능에서 벗어나 가볍고 저렴하게 바뀔 수 있다는 걸 의미한다. 유아나 초등생을 가르치는 교사분들이 이 책을 읽고 계시다면 반드시 체크하고 기억하셨으면 한다. 우리가 살아가는 현재는 미래와 공존한다. 이미 미래를 살아가고 있는 셈이다. 아이들에게 꿈과 희망을 주길 바란다면 보다 창의적으로 생각하는 법을 가르쳐 주고, 디지털 문명에 더 빠져들게 할 것이며, VR과 같은 첨단기기를 자주 사용하여 익숙하게 되도록 하여야 할 것이다.

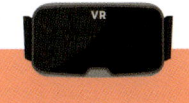

VIRTUAL REALITY

02 어린이 AI VR교육의 이해

1) 어린이 AI VR교육의 정의

어린이 AI VR교육은 '가상현실 AI기술을 활용한 어린이 눈높이 교육'이라고 할 수 있다. 아이들은 시청각에 의해서 모든 것을 눈으로 보고 귀로 들으면서 매우 빠른 속도로 이 세상을 이해한다. 뇌에 무언가를 입력시키기 위해서는 오감 중에 시각과 청각을 활용하는 것이 적합하다.

책을 보는 것과 시청각 미디어 교육을 하는 것의 차이는 극명하다. 책은 시각적 정보만 들어오지만 미디어는 시각과 청각을 동시에 활용하므로 기억력을 증진시킨다. 사람은 여러 감각기관을 사용할수록 뇌에 더 깊이 인지시키기 때문에 시청각 교육을 중요시 여기는 것이다.

이 시청각 교육의 최고 정점에 다다른 기술이 바로 VR과 AR이다. 여태까지 책에 있는 그림으로만 동물을 보았다면 TV로 보는 것이 더 효과적이고, TV로만 보아 왔다면 실제로 직접 보는 것이 가장 좋다. 하지만 현실적으로 다가가기에 위험하거나 경험이 힘든 경우가 많기 때문에 VR과 AR이 개발되었다. 교실에 앉아 있지만 VR기기를 머리에 착용하여 시각과 청각을 모두 제어하면 그 자리가 곧 나이아가라 폭포가 되고 구름 위가 되며 우주가 된다. 원한다면 심해의 깊은 바닷속을 관찰할 수도 있고 무더운 한여름에 남극의 추위를 경험할 수도 있다. 단지 고개를 움직이는 것만으로도 동화 속 주인공들을 눈앞에서 만나 볼 수 있고 심지어 VR을 착용한 아이에게 말을 걸어오기도 한다.

▲ 어린이 VR교육 현장

(자료: 주식회사 한국코넷-유아콘VR)

VR교육을 아이들에게 적용하게 되면 아이들은 처음에는 이것이 진짜가 아니라고 생각하게 되지만 VR에 빠져들면서 현실성을 망각하고 실제 공간으로 이동했다거나 눈에 보이는 모든 것들을 실제처럼 받아들이게 된다. 그로 인해 무언가 의식적으로 공부하는 것이 아니라 무의식적으로 눈과 귀로 체감하면서 그것을 자연스럽게 습득할 수 있는 교육적 효과가 있다.

하지만 어린이 VR교육은 어린아이들을 대상으로 한다는 부분에서 전문가가 아니면 접근할 때 주의해야 할 점이 많다. 그렇기에 어린이 교육자 또는 VR 전문가들이 이 책을 지침으로 삼아 다양한 시점에서 어린이 VR교육을 잘 시행할 수 있도록 돕는 안내서로 보면 좋을 것이다.

참고로, 일반 VR인 듯한데 굳이 AI VR이라고 칭하는 근거와 이유는 무엇일까? AI는 인공지능의 무형적 자산이며 VR은 AI를 담는 하드웨어 디바이스라고 할 수 있다. 스마트폰에 AI를 담아서 사용해 왔다면 이제 웨어러블 VR과 AR기기에 AI기술이 들어가는 건 너무나도 당연한 일이다. 실제 VR콘텐츠를 제작할 때 AI코딩이 기본으로 매우 오래전부터 들어가 있었기에 AI기술을 활용하는 AI VR이 정확한 표현이다. 적어도 수년 안에 스마트폰이 점차 사라질 것으로 예견되고 있다. 그렇다면 AI를 담고 있던 스마트폰을 완전히 대체할 기기는? 그 질문에 대한 정답은 이미 애플과 삼성 같은 거대 기업들이 오래전부터 내놓았다. 그래서 웨어러블 디바이스를 공부하고 준비해야 하는 것이다. 다양한 빅데이터를 통해 AI가 학습하고, 다양한 기기들을 초연결상태로 AI가 활용하는 시대가 시작되었다.

2) 성인 VR과 어린이 VR의 차이점

VR은 일부 마니아층으로부터 보급되기 시작하였다. 비싼 VR장비와 함께 컴퓨터도 업그레이드가 필요했기 때문이다. 대중화가 되려면 적정한 가격이 제시돼야만 한다. 화질 또한 만족스럽지 못한 수준이었기에 지금에 이르러서야 고개를 끄덕일 정도의 수준이 됐다고 할 수 있다.

VR콘텐츠는 크게 두 가지로 나뉘는데 하나는 컴퓨터그래픽에 의한 게임류이고 다른 하나는 360도 영상물이다. 성인물이라 하면 만 19세 이상의 성인들이 볼 수 있는 음란한 내용의 영상물이나 잔인한 장면이 포함된 게임류일 것이다. 그렇다면 청소년도 아닌 어린이에게는 어떤 기준이 적용돼야 할까?

【일반적인 영상 심의 기준】

기준 항목	성인 VR	어린이 VR
폭력과 위협	O	X
부적절한 언어(욕설 등)	O	X
성적 표현	O	X
약물(담배, 술)	O	X

위 표와 같이 영상등급에서 가장 민감하게 기준을 적용하는 분야가 어린이 분야이다. TV는 물론 영화와 미디어 등이 모두 여기에 적용된다.

그러면 VR은 여기에만 그칠까? VR은 가상의 현실성을 부여하기 때문에 평면형 미디어보다 더 큰 데미지를 줄 수 있기 때문에 보다 세심하게 기준을 적용해야 할 것이다.
어린이에게 적용하는 VR에 정확한 기준이 정해지지는 않았지만 본 책에서 추구하는 안전한 VR에 입각했을 때, 다음과 같은 세부 기준을 제시한다.

【어린이 VR 심의 세부기준안】

기준 항목	성인 VR	어린이 VR
어지럼증 요소	O	X
음침하거나 어두운 배경	O	X
긴장감을 유발하는 음향 효과	O	X
절벽이나 공중 장면 등 두려움 요소	O	X
강렬한 색채 표현	O	X
눈에 자극적인 밝기	O	X
너무 가깝거나 부담되는 객체	O	X
갑자기 다가오는 객체	O	X
한곳만 오래 바라보게 하는 요소	O	X
어려운 인터랙션 사용	O	X

10분 이상의 플레이타임	O	X
빠른 헤드트래킹의 요구	O	X
어린이에게 맞지 않은 HMD 사용	O	X

이 외에도 수없이 많은 부분을 체크하고 점검해야 한다. 성인의 경우 모든 기준이 허용되지만, 어린이의 경우 모든 기준이 허용되지 않는다. 허용되지 않는 요소를 제거하고 나면 어린이용 콘텐츠의 설계 및 제작 방향이 눈에 보일 것이다. 아주 어린아이들이다. 하지만 단순히 어리기 때문에 첨단기기인 VR을 활용하지 못하게 한다는 것은 너무나도 안타까운 일이 될 것이다. 더 민감하고 세세하게 체크를 하여 보다 안전하고 즐겁게 어린이 VR교육을 받을 수 있도록 교육자들이 앞장서서 나서야 할 것이다.

어린이 VR	VS	일반 VR
유치원 / 초등학교 / 키즈카페등	주 고객층	청소년 / 일반 성인 / 숙박업등
VR개발자 + 아동교육 전문가	대상 전문성	어린이에 대한 이해, 전문성 부족
VR동화/VR안전체험/VR인성교육/VR기본생활습관등	주 콘텐츠	인터렉션 VR게임 위주
어지럼증 전혀 없음	어지럼증	매우 어지러움
조작 불필요(단순시청)	조작 난이도	콘트롤러 조작 어려움
유해성 전혀 없음	유해성	언어/폭력/모방성등 유해성 심각
방송심의위원회 전체이용가 심의필	인허가	18세 이상이 대부분
인성교육/안전교육		폭력성 게임형태 VR

▲ 어린이 VR과 일반 VR의 차이

3) 어린이 성장 발달과정의 특징

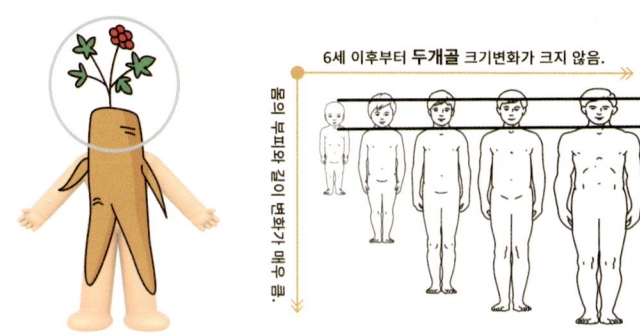

▲ 신체 성장의 비례도

어린이 VR의 특징을 살펴볼 때 어린이의 신체발달에 대한 이해가 필요하다.

【시기별 성장 비율 분류】

시기별 성장 분류	신장	신체 비율
영아기 (생후 1~12개월)	출생 시 평균 50cm	- 머리둘레 34cm - 머리 크기는 신장의 1/4, 영아기 말에는 성인 뇌 2/3 크기, 가슴둘레보다 조금 크며 출생 후 1년은 신장이 1.5배 성장
어린이기 (1~3세)	- 1세 80cm - 3세 82cm	- 머리둘레가 가슴둘레와 같아진다. - 매년 신체 성장이 눈에 띄게 발달한다.
학령전기 (만 3세 이후~6세)	- 3세 95cm - 5세 110cm (신장 연평균 6.5~7.5cm 증가)	- 팔다리가 길어져 균형 잡힌 모습 - 신체는 매년 6~7cm 성장한다. - 머리 크기는 5세경에 성인의 90%까지 성장한다.
학령기 (6~12세)	- 6세 115cm - 12세 150cm (신장 연평균 5cm 증가)	- 키 성장이 완만해진다. - 매년 신장이 약 5.5cm씩 증가한다.

본《어린이 AI VR교육 백과》에서 어린이의 시기별 성장 분류를 이해해야 하는 이유는 아이들의 성장기를 조금이나마 알고 있어야 왜 VR기기가 어른과 구분되어 나오지 않았는지 이해할 수 있기 때문이다. 영아기를 보면 출생 시 머리 부분이 상당수를 차지하고 영아기 말에 성인 뇌의 2/3을 차지할 만큼의 크기임을 알 수 있다. 출생 후 머리와 몸이 성장해 가면서 두뇌의 크기는 이미 매우 큰 상태지만 몸은 아주 작다. 성인들 중에도 아이처럼 두상이 작은 사람이 있고, 아이들이라도 성인 정도의 두상을 가진 아이들이 있다. 대체적으로 보았을 때 5세(만 3세)와 6세(만 4세)의 두상 크기는 차이가 있기에 본 책에서는 보다 안전함을 추구하기 위해 6세(만 4세) 이상의 어린이들을 대상으로 VR교육을 시행하도록 권장하고 있다. 모 기관이나 업체에서 이야기하는 13세 이하 성장기 아이들의 VR착용을 주의하라는 권유는 해부학적 지식이 부족하거나 해당 업체의 VR기기가 무게 배분, 렌즈의 소형화 등에 의한 문제에서 기인한 것으로 보인다. 의외로 어린이들이 사용해도 무방한 VR기기들이 자주 발견되곤 한다. 실제 3,000여 명(한국 코엑스, 킨텍스 VR전시 특별관 운영, 2019)의 5세 이상부터 성인까지의 머리둘레를 측정한 결과 어린이와 어른의 두개골 차이는 크지 않았으며 심지어 6세의 여아와 36세의 성인 여성의 머리둘레가 동일하게 나오기도 했다. 이는 성장기 아이들이 몸보다 머리가 훨씬 빠르게 성장하고 발달했음을 의미한다. 즉 6세 이상이 되면 성인에 버금가는 언어능력을 가진 것과 같이 두뇌의 크기도 비슷해진다는 말이다.

▲ 어린이의 두개골과 안면골의 발달 차이

4) 어린이 인지발달의 이해

　어린이들의 신체와 인지발달에 대한 이해가 되어 있지 않으면 어린이 VR콘텐츠를 선별하거나 지도하는 데 문제가 생길 수 있다. 적어도 어린이들에게 VR교육을 지도하고자 한다면 연령별 인지발달의 단계를 이해하고 현장에서도 경험해 보아야 할 것이다. 피아제는 인지발달의 단계를 다음과 같이 요약했다.

【피아제의 인지발달 이론】

연령	발달단계	발달단계별 특징
0~2세	감각 운동기	- 손가락을 빨거나 하면서 주변을 탐색·경험하는 시기 - 아직 개념적으로 '사고'하지 못한다. - 소리와 빛 자극에 움직임 - 새로운 경험의 흥미를 느낌
2~7세	전조작기	- 전조작=논리적 사고 능력 - 자기중심적 사고 - 사물 분리 가능
7~11세	구체적 조작기	- 논리적 사고를 구체적 문제에 적용하는 능력 발달시킴 - 분류 조작 가능 - 의사소통의 사회성이 보임
11세 이상	형식적 조작기	- 인지 발달이 높은 수준에 이르는 시기 - 추상적인 사고 가능 - 구체적 조작 가능

　아이들은 발달되어 가는 단계마다 폭발적으로 성장하는 특징을 보인다. 어린이가 2~3세가 되어 사물의 형태 차이를 지각할 수 있다면, 5세 정도에는 각기 다른 크기의 물체를 보다 정확하게 구별할 수 있다. 또한 유아기의 어린이는 탐험과 창조를 좋아하고 환상을 즐긴다. 어린이의 상상과 호기심은 창조적인 잠재력의 원동력이 된다. 따라서 이 시기에 다양한 체험을 경험하고 아이들의 발달을 촉진시켜 주어 지능이나 인지능력의 성장을 이루도록 해야 한다. 그런 의미에서 어린이 VR교육은 상상력을 자극하

고 시청각을 극대화시키며 집중력과 탐구심을 향상시키는 데 긍정적 효과가 있다. 어린이 VR교육을 적용하기 이전에 해당 연령의 심리 성향을 파악하고 가능한 한 눈높이 교육을 할 필요가 있다.

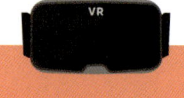

VIRTUAL REALITY

03 AI VR콘텐츠란?

1) AI VR콘텐츠의 정의

　AI VR콘텐츠는 VR카메라나 컴퓨터그래픽 등의 AI기술을 사용하여 VR영화, VR뉴스, VR게임, VR문학, VR사진 등을 제작하고 이에 대해 소유권과 저작권을 분명하게 주장할 수 있는 모든 종류의 VR미디어 원작이라고 할 수 있다. 콘텐츠는 어떠한 형태로든 제작이 되거나 느낄 수 있다면 그 고유의 가치성을 갖는다. 2024년도 내외에 본격적으로 태동한 AI기반 기술들은 대부분의 디지털 기반에서 널리 사용하고 있기에 콘텐츠 소스와 코딩 등에 활용되고 있다.

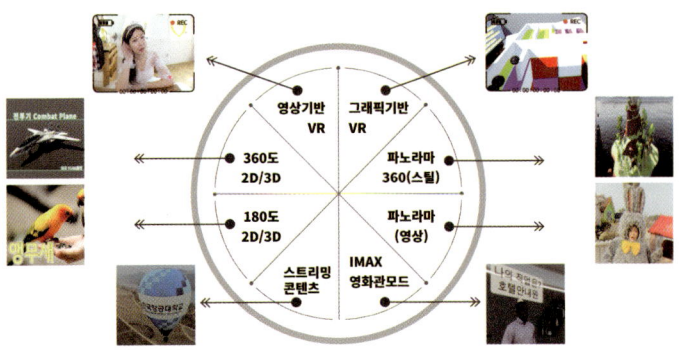

▲ AI VR콘텐츠 규격의 분류

2) 시야각에 따른 구분 — 180도와 360도

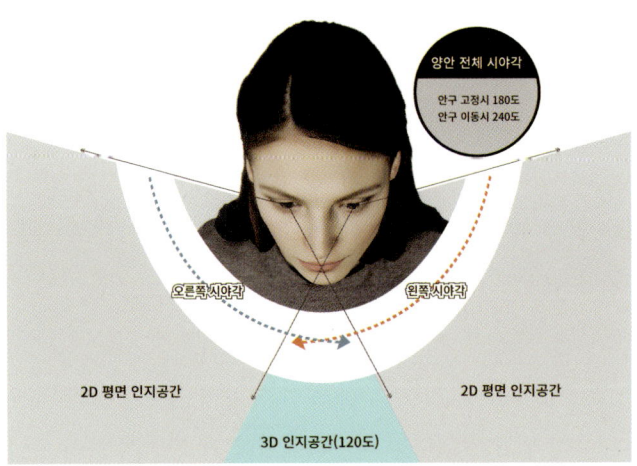

▲ 시야각에 따른 구분 – 180도와 360도

  VR콘텐츠는 시야각에 따라 구분이 가능하다. 시야각은 우리가 눈으로 보는 각도를 뜻하며 FOV(Field of View)라고도 한다. 사람과 동물은 시야각이 다르며, 사람의 시야각은

180도 이상 240도 내외까지도 볼 수 있다. 동물의 경우 맹수나 육식동물들은 대부분 두 눈이 전면에 위치하여 입체시각의 도움을 받는다. 두 개의 눈이 수평일 때 3D 인지 공간이 발생하고 입체감과 더불어 거리감을 정확히 잡을 수 있기 때문이다.

경계를 많이 해야 하는 초식 동물이나 물고기들은 커다랗고 볼록한 광각의 눈을 머리 좌우에 갖고 있다. 이는 광각의 눈이 매우 넓은 공간을 볼 수 있게 하여 천적으로부터 몸을 피할 수 있도록 시야 확보에 도움이 되는 기능을 한다. 그래서 물고기의 눈을 어안이라 하고 DSLR카메라에도 어안렌즈(또는 광각렌즈)를 장착하여 매우 넓은 범위를 촬영하곤 한다. 모든 VR카메라에 초광각 어안렌즈를 사용하는 것도 이 때문이다.

보통 VR을 제작할 때는 180도 VR, 360도 VR 이렇게 두 가지로 나뉜다. 180도 VR은 측면 부분과 정면 부분의 시야에 들어오는 대부분의 것들을 볼 수 있다. 360도 VR은 우리가 VR기기를 착용한 후 뒤를 돌아봤을 때 뒷모습까지도 보이게 된다. 이것은 제작자와 콘텐츠의 내용에 따라서 선호하는 콘셉트가 다를 수 있다. 실질적으로 360도 촬영으로 불필요한 뒷면까지 보이면서 화질을 떨어트릴 이유가 없다고 여기므로 대부분 중요한 영상은 180도로 촬영을 하게 된다.

특히나 입체로 찍을 때는 화질의 손실을 감수해야 하기 때문에 대부분 VR입체는 180도 촬영을 사용하고 드넓은 풍경을 찍을 때는 360도 모노로 찍게 된다. 그래서 반만 보이는 180도 VR, 전체가 보이는 360도 VR로 나뉘게 되는데 180도 VR도 하늘과 땅이 보이는 반구면체이다. 어린이 VR에서는 굳이 뒷면까지 보여 주면서 화질 손실과 산만함을 감수할 필요가 없다는 판단하에 전면과 측면이 보이는 180도 모노, 입체 VR콘텐츠를 선택하는 것이 좋을 것이다.

3) 입체감에 따른 구분 — 모노스코픽과 스테레오스코픽

화면이 눈에 보이지만 평면형이라면 모노스코픽이라고 하고, 입체감이 있다면 스테레오스코픽이라고 한다. VR에 있어서 모노VR은 같은 화면을 양측 눈에 보이게 하고 스테레오VR은 양안시차에 의한 다른 화면을 각기 다른 눈에 보이게 하는 기술이다.

모노스코픽은 아이맥스 영화나 파노라마와 같은 평면형의 화면이 상하좌우 전후에 이어 붙여져 있다고 보면 된다. 즉 어디를 보아도 평면형의 화면이 보이게 된다. 하지만 깊이감이나 입체감은 느껴지지 않는다. 이런 모노스코픽은 대부분 먼 거리의 풍경을 찍을 때 사용한다. 왜냐하면 사람은 가까이 있는 것에 입체감을 많이 느끼고 멀리 있는 것에는 입체감을 잘 느끼지 못하기 때문이다. 사람은 100~200미터 이내의 거리에서만 입체감을 느낀다.

반면 스테레오스코픽은 3미터 이내 근거리의 피사체가 있을 때 촬영을 하게 되면 입체감을 잘 느끼기 때문에 뇌에서 입체인지를 하며 입체쾌감 효과를 얻을 수 있다. 실제와 같은 느낌을 주려면 스테레오스코픽으로 촬영해야 하며 먼 거리의 풍경은 모노스코픽으로 보는 것이 적당하다. 이때 예전에는 빨간색과 파란색 두 가지의 적청색 테이프로 되어 있는 입체 안경을 써서 영화를 보기도 했는데 그것과는 달리 최근 VR에서 보는 입체감은 '양안시차'에 의한 것이다.

2D로 보는 일반 평면형은 한 개의(모노) 영상으로 구성된다. VR이 추구하는 가상현실을 최소한으로 충족시키기 위해 내놓은 초기의 구현 방법은 모노 360도로 화면을 보여 주는 것이었다. 일반 영상이나 사진은 전면 사각형의 틀 안에 원하는 개체의 구도를 맞추어 신중하게 촬영하고 원하는 니즈를 충족시키려 노력했다. 하지만 어느 한 곳에 집중하지 않고 더 넓은 공간을 보기 위해 파노라마 형태의 기술이 등장했으며 이후로 상하, 좌우, 전후의 모든 360도 공간을 볼 수 있는 360도 모노스코픽 기술이 등장

했다. 스마트폰이나 컴퓨터 화면으로도 볼 수는 있으나 가상현실의 의미에 입각했을 때 반드시 HMD를 쓰고 보는 것이 좋다. 이때 머리의 움직임을 감지하는 헤드트레킹 기술의 발달로 고개를 움직이며 모든 곳을 볼 수 있게 된다.

2018년까지는 이러한 모노 360도 VR이 대세였으나 2019년에는 5G 초고속 통신 기술의 발달로 고용량의 데이터를 초고속으로 처리하는 것이 가능해져서 리얼VR이라 할 수 있는 스테레오스코픽 미디어를 쉽게 접할 수 있게 될 것으로 예상된다. 좌우 양안에 보이는 영상이나 사진이 실제 눈의 시야각과 유사하게 제작되어 보이므로 뇌에서 이를 합성하고 진짜처럼 느끼게 한다.

스테레오스코픽은 보통 180도와 360도로 나눠지는데 시야각 180도 내외만 보이는 것을 180도 S3D라 하고 360도를 보여 주는 것이 360도 S3D라 한다. 의자에 앉아서 체험한다든지 굳이 후면 정보가 필요하지 않다면 앞에서 보이는 것에 집중해서 180도 내외의 콘텐츠를 제작한다. 360도 전체를 입체로 구현할 때는 정글 같은 숲처럼 보다 몰입감을 주고 싶을 때 사용된다.

이에는 제작 환경과 대중들의 접근성을 고려해야 한다. 많은 이들이 시청하고 체험하기 위해서는 대중화된 디바이스를 사용해야 하는데 영상의 해상도나 퀄리티에 따라 작동 가능한 기기가 천차만별일 수밖에 없다. 예를 들어 360도 S3D 입체영상을 8K 고화질로 제작하였는데 모바일 기반의 VR기기로 보려 한다면 3K 내외의 수준으로밖에 표현되지 못하거나 아예 CPU의 속도 문제로 플레이가 불가능해지는 문제가 발생한다. 이 때문에 미래를 위해 콘텐츠를 고화질로 촬영하되 현재의 기기에 맞춰 해상도를 변경해 줄 필요가 있다.

3D 입체형 콘텐츠는 영상기반, 그래픽 기반 모두 제작이 가능하다. 눈의 위치에 따른 시차를 적용하여 좌안과 우안에 보여지는 차이를 뇌에서 조합시켜 입체적 거리감을 느끼게 한다.

2D 평면형 콘텐츠는 영상기반에서 사용하며, VR영상의 특성상 360도 콘텐츠를 제작시엔 평면형을 사용할 수밖에 없다. 360도 영상기반의 3D를 사용시 1/2이상의 화질이 떨어지는 걸 감수해야만 한다. 영상 입체감을 위해서는 180도 3D를 선택하는 경우가 많다.

▲ 스테레오스코픽(입체)과 모노스코픽(평면)의 차이

　스테레오스코픽도 크게 두 가지로 분류할 수 있다. 상하로 나뉘는 것과 좌우로 나뉘는 방식이다. 상하로 화면이 나누어지는 방식은 좌우가 더 넓기 때문에 360도 입체 영상을 제작할 때 사용한다. 좌우로 나뉜 영상은 화면비에 의해 180도 입체 영상 제작시 사용되는 경우가 많다.

　영상 기반 VR로 설명하자면, 촬영할 때는 전체가 한꺼번에 보이지만 실제 VR기기를 머리에 착용했을 때에는 헤드트래킹으로 움직임에 따라 보이는 영상을 다르게 보여주어 시각적 자율성을 부여해 준다. 여기에 청각적 스테레오 음향이 더해지면 좌우 거리감이 생겨서 더욱 몰입하게 된다.

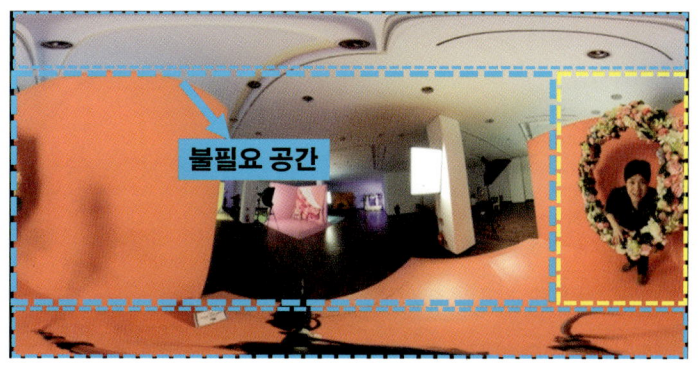

▲ VR사진과 VR영상 제작의 화질 개선

스테레오스코픽 영상콘텐츠 촬영 시에는 반드시 필요한 부분만 제작하려는 노력이 필요하다. 상기 사진에서는 노란색 점선 안의 모델 촬영이 주가 되므로 불필요한 공간이 너무 많다. 이때는 180도 이내의 S3D촬영을 해야 한다. 또한 불필요한 부분이 많을수록 화질 낭비가 심해지고 저장용량이 커지는 현상이 생기므로 주의하자. 전개도 형식의 위 사진을 볼 때 고해상도로 촬영을 해도 버리는 부위가 많으므로 실제 VR로 보면 그리 선명하지 않다.

S3D 촬영 시 꼭 알아야 할 것은 피사체와의 촬영 거리이다. 사람의 눈이 입체를 인식하는 거리가 200미터에 불과하므로 가능한 한 인물을 촬영하려 한다면 2미터 이내에 두도록 하자. 적어도 50센티에서 1.5미터 내외의 거리를 유지한다면 보다 입체감을 가질 수 있고 화질 저하도 최소한으로 줄일 수 있을 것이다. 가까이에서 촬영한 원본 전개도는 전체 화면에서 차지하는 비율이 높다. 이는 피사체의 화질이 좋아진다는 것을 의미한다. 즉 3D VR촬영에서는 대상자가 가까이에서 촬영될수록 VR 시청 시보다 나은 해상도의 좋은 퀄리티를 유지할 수 있다는 말이다.

어린이 VR교육에서는 모노VR을 보여 줄 것이냐, 스테레오VR을 보여 줄 것이냐를 걱정할 게 아니라 두 가지 모두를 콘텐츠 특성에 맞춰 보여 주어야 한다. 두 가지 모두 VR의 다른 형태이기 때문이다. 정리하자면 가까운 입체시는 180도 스테레오 형식을, 거리가 먼 풍경은 360도 모노 형식을 보여 주는 것이 정답이다. 그래픽 기반의 VR콘텐츠는 굳이 모노와 스테레오를 구분할 필요가 없다. 유니티나 언리얼엔진을 사용하는 VR콘텐츠는 기본적으로 3D 입체감을 기본으로 하기 때문이다.

4) 제작 방식에 따른 구분
— 실사 촬영과 컴퓨터그래픽

　실사는 실제 사진이나 영화를 촬영하듯이 VR전용 광각카메라로 콘텐츠를 제작하는 것을 말한다. 이 세상 모든 현실의 리얼리티는 컴퓨터그래픽이 아무리 발달해도 그 디테일을 따라갈 수가 없다. 보다 현실 같은 그래픽을 위해 초고성능 컴퓨터가 필요한 이유이기도 하다.

　실사의 장점은 있는 그대로를 담아내는 현실감에 있다. 가상현실이 실제 현실처럼 착각하게 하는 것에 목적이 있다고 할 때 컴퓨터그래픽을 사용하여 현실감을 준다는 것은 반쪽짜리 가상현실이라 하겠다. 사람의 눈에 실제 보이는 배경과 인물들을 360도 입체로 볼 수 있을 때 진짜 가상의 현실인 것이다. 2019년 기준으로 볼 때, 실사 촬영 VR카메라들이 많이 출시되었는데 '인스타360 타이탄' 같은 초고화질의 VR영화 전용 제품을 사용한다면 매우 훌륭한 퀄리티의 가상현실을 경험할 수 있을 것으로 보인다. 다만, 컴퓨터그래픽이든 실사든 제작소스와는 다르게 사용자가 구입하는 VR기기의 해상도와 성능이 따라 줘야 하는 단점이 있다. 11K로 제작한 실사 콘텐츠가 있다고 하더라도 대중이 쓰는 VR기기가 4K 내외인 현실을 보았을 때 화질이 4K를 벗어날 수 없는 것이다.

　모든 VR콘텐츠는 평면형 모노가 있고 입체형 스테레오가 존재한다. 실사로 촬영한 영상이나 사진 콘텐츠는 특이하게 마치 밀랍인형이 눈앞에 있는 듯한 극한의 현실감을 체험하게 한다. 또한 실사 VR영상이 아닌 실사 VR사진으로 구성된 콘텐츠의 경우 눈앞에서 모든 것이 멈춰진 듯한 세계를 볼 수 있어서 생각해 보지 못한 경험을 하게 될 것이다.

▲ 실사 VR영상 제작 현장

(자료: 주식회사 한국코넷-유아콘VR)

컴퓨터그래픽을 활용한 VR콘텐츠는 매우 많은 편이다. 어찌 보면 현시대의 흐름상 당연한 결과인지도 모른다. VR AR관련 전시회에 가 보면 콘텐츠의 비율이 90:10일 정도로 컴퓨터그래픽이 압도적이다. 그만큼 접근이 쉽고 자율성이 보장되기 때문이다. 실사의 경우 앞서 설명한 바와 같이 현실을 실제 VR카메라로 촬영해야 하기에 야외의 경우 날씨, 장소섭외, 조명, 녹음 등에 신경 써야 한다. 배우가 필요한 경우 장소와 함께 연기의 대본이 필요하기도 하여 생각보다 까다롭고 손이 많이 간다.

그래픽은 폴리곤과 표면 처리 등을 절충하여 화질의 임의 조정이 가능하기 때문에 매끈하고 디테일한 상상의 세계를 표현하는 데 장점이 있다.

▲ 언리얼엔진으로 제작된 그래픽 기반 VR 콘텐츠

(자료: 주식회사 한국코넷-유아콘VR)

영상 기반 VR이 좋은지 컴퓨터그래픽 기반 VR이 좋은지를 따질 것이 아니라 각기 다른 분야이니 서로 존중하고 장단점을 이해해야 할 것이다.

【그래픽 기반 VR과 영상 기반 VR의 차이】

	그래픽 기반 VR	영상 기반 VR
장점	- 컴퓨터그래픽에 의한 VR콘텐츠들은 장소와 시간에 구애받지 않고 상상하는 모든 것들을 시청각적으로 보여 줄 수 있다. - 대부분 컴퓨터실 안에서 작업이 이루어지므로 자유로운 제작 환경이라 할 수 있다.	- 있는 그대로를 보여 주기 때문에 VR기기나 촬영 장비가 고화질일 경우 세세한 부분까지도 또렷하게 표현된다. - 가상의 현실이라는 측면에서 볼 때 실제를 촬영한 실사 VR이 진정한 가상현실이라 할 수 있다.
단점	- 대부분 VR게임이나 인터랙션이 되는 청소년, 성인 콘텐츠가 많으며 VR기기에 따른 사양을 탈 수 있다.	- 영상 촬영 장비를 사용하기 때문에 외부 날씨나 환경의 제약을 그대로 받아 제작에 어려운 점이 많다. 특히 촬영 거리가 멀수록 화질이 떨어지는 현상이 발생하는데 컴퓨터그래픽에서는 이런 문제가 없다.

PART 02

어린이 VR교육을 걱정하지 않아도 되는 이유

1. 어린이 VR교육이 게임중독으로 발전하는가?　　　　　　　66
2. 어린아이는 머리가 작아서 문제가 되는가?　　　　　　　　73
3. VR이 아이의 눈 건강에 문제가 되는가?　　　　　　　　　78
4. VR교육 시 어린이의 목 건강에 문제가 되는가?　　　　　　87
5. 어린이 VR은 어지럼증 문제를 해결하였는가?　　　　　　　92

VIRTUAL REALITY

01 어린이 VR교육이 게임중독으로 발전하는가?

1) WHO의 게임중독 질병과 어린이 VR의 상관성

　WHO 세계보건기구에서 게임중독을 질병으로 분류하였다. 무엇이건 과도한 몰입은 질병으로 분류되어 치료를 필요로 할 수 있다. 하지만 컴퓨터 게임에 몰입하면 중독이라 칭하면서 바둑이나 장기, 체스 등은 온종일 해도 두뇌계발에 좋다며 중독이라 하지 않는 어른들이다. 하지만 컴퓨터 게임의 기원이 바둑이나 장기 등이라는 것을 아시는지? 전략 시뮬레이션 게임들은 고도의 두뇌 플레이를 통해 전략을 짜고 실행한다. 게임에 과몰입하여 일상생활이 불가능하다면 분명 치료를 받아야 하겠지만 적절한 자기통제와 게임 선정 등을 조언받을 수 있다면 문제는 크지 않다고 본다. 적절한 휴식과 놀이의 방법을 제시해 주지 않으면서 게임을 나쁜 것으로만 규정하는 것은 편견이라 하겠다.

어느 학부모와 인터뷰를 했는데 공부는 안 하고 VR게임에만 몰입할까 봐 VR교육을 시키고 싶지 않다는 의견을 들었다. 아이들은 VR게임을 못 하게 하면 컴퓨터 게임을 몰래 할 것이고, 컴퓨터 게임을 못 하게 하면 스마트폰 게임을 몰래 할 것이다. 막을 수 없다는 것이 아니라 적절한 지도를 해야 한다는 뜻이다. 어른의 눈으로 볼 때 '나쁘다'는 논리로 무조건 막는 것은 바람직하지 않다. 아이들에게 유해하다고 판단했다면 세계 최대의 소프트웨어 회사인 '마이크로소프트'에서 왜 '마인크래프트'라는 게임을 인수했을까? 페이스북의 마크 저커버그 회장은 아이들에게 유해하다고 판단되는 VR의 시초 '오큘러스'를 엄청난 돈을 들여 가며 왜 인수했을까? 위험하니 사용하면 안 된다는 식의 논리는 구시대적 발상이다. 무조건 다 나쁜 것이 아니라 어느 것이 좋고 어느 것이 나쁜지를 분별할 수 있게 해 주는 것이 어른과 교육자가 할 일이다.

이미 질병코드로 분류되어 버린 게임중독을 두고 이야기하기보다는, VR조차 게임중독이 될까 봐 걱정하여 VR교육을 거부한다는 어느 학부모의 말을 듣고, 많은 이들에게 이해를 시키고자 설명해 드리는 것이다. 도구는 인격이 아니므로 좋고 나쁘고가 없다. 칼이 나쁘다? 남을 해할 때 쓰면 나쁘고 요리할 때처럼 필요에 따라 이용하면 생활을 편리하게 해 주는 도구이듯이 도구는 사람이 아닌 상황에 의해 규정되는 것이 맞다. VR도 마찬가지다. 음란한 영상이나 폭력적인 게임을 하는 데 VR을 사용하면 분명 나쁜 영향을 미칠 것이다. 하지만 우리가 제시하고자 하는 것은 VR의 교육적 의의이다. 가정에서의 무분별한 사용이 아닌 교육 현장에서 교사들에 의해 통제되고 활용되는 VR교육을 다루고자 하는 것이다.

올바른 콘텐츠 제작자들과 교육자들이 힘을 합친다면 더욱 슬기롭고 바른 인성을 가진 아이들로 성장시키는 데 VR교육이 큰 몫을 하리라 확신한다. 어린이 VR교육은 반드시 도입해야 할 미래교육이다.

▲ 어린이의 눈높이에 맞는 바른 VR콘텐츠가 필요하다.

2) 눈높이에 맞는 인터랙션 난이도의 VR교육

인터랙션은 상호작용을 뜻한다. 사람과 사람 사이에서도 소통이 중요하듯 교육 현장에서도 주고받는 상호작용은 매우 의미가 있다. 인터랙션은 유저에게 자율성을 안겨준다. 내가 하고 싶은 것을 선택할 수 있고 객체와 상호작용을 할 수 있는 것이다. 이는 흥미를 유발하고 재미를 부여하여 오랫동안 몰입할 수 있게 도와준다. 게임에서도 이 자유도에 따라 단순 게임이 될 수도 있고 중독성을 보이는 위험한 게임이 될 수도 있다.

VR에서도 청소년이나 성인 콘텐츠의 경우 인터랙션이 반드시 들어간다. 유저가 조작하는 것이 많을수록 재미있기 때문이다. 하지만 본《어린이 AI VR교육 백과》에서 추구하는 것은 통제되고 절제된 콘텐츠 교육이다. 어린이의 눈높이에 맞는 콘텐츠를 선별하여 아이들에게 제한된 시간 속에서 단체로 VR교육이 들어가야만 한다. VR HMD의 컨트롤러 기기에는 조작할 수 있는 여러 버튼이 있고, 실제 콘텐츠 안에서도 선택권

이 주어지는 경우가 있다. 개개인의 아이들이 별도로 교육받는다면 일일이 지도해 줄 수 있겠으나 클래스별로 20여 명 내외의 아이들이 동시에 제한된 시간 내에 교육을 받아야 한다면 상황이 달라진다. 그 때문에 어린이 VR콘텐츠는 인터랙션이 없는 영상 기반(5~6세) 또는 눈높이에 맞는 그래픽 기반(7~13세)으로 선정하는 것이 좋다. 아주 어린 연령에게는 시각과 청각으로 교육 영상물을 보되 시각적 자유도만을 부여하는 것이 좋다. 6세의 경우 상반기와 하반기도 수준의 차이를 보인다. 보통 6세 하반기를 기준으로 하여 인터랙션(컨트롤러 조작)이 되는 수준의 그래픽 기반 VR교육 콘텐츠를 경험하게 하는 것을 권장한다. 한국어린이AIVR교육총연합회에서 권장하는 어린이 VR 교육 전용 콘텐츠 회사(주식회사 한국코넷-유아콘VR)의 경우 어린이들의 연령별 손 크기를 실제 측정하여 버튼이 닿지 않는 곳은 사용하지 못하도록 했다.

▲ 어린이 심리안정을 위한 AI VR심리놀이

(자료: 주식회사 한국코넷-유아콘VR 제공)

어릴수록 조작하는 버튼 수를 최대한 줄여야 하며, 손의 크기도 반드시 고려해야 하기 때문이다.

교육 자체로 보았을 때는 콘텐츠 내의 인터랙션이 제한되겠으나 VR수업의 앞과 뒤에는 해당 교사와 라포르를 형성하고 VR체조를 하고 브레인스토밍을 하는 여유로운 시간도 포함되어 있다. 그 시간 내에서 아이들과 상호작용을 하면 되는 것이다. 그래픽 기반 콘텐츠 활용은 체험부스를 별도로 마련하고 기기를 대형 프로젝터나 TV에 연결하여 순차적으로 경험하게 하는 것이 좋다.

적어도 VR교육을 흥미로워하고 재미있어하되 게임중독처럼 울고 매달리며 VR을 달라고 떼쓰는 아이들은 없을 것이다.

3) 가정이 아닌 교육 현장에서의 사용 통제

　이미 말한 바와 같이 VR교육은 가정에서의 무분별한 사용이 아니라 유치원 또는 어린이집 등의 교육기관에서 교사의 지도 아래 시행되어야 한다. 오로지 부모 탓이라고 몰아붙이고 싶지는 않지만 가정에서 아이들에게 TV 시청 지도나 컴퓨터 지도, 스마트폰 지도를 해 주는 부모를 거의 보지 못한 것 같다. 성인이 아닌 어린 자녀를 두고 계신다면 반드시 통제가 아닌 지도를 해 줄 의무가 있다. 몸이 어른이라고 해서 뇌가 어른이 아니듯이 우리는 보이는 모습만으로 판단착오를 하게 되는 경우가 많다. VR에 흥미를 갖고 재미있어하는 것은 좋지만 과몰입은 여러 가지로 좋지 않을 수 있으니 적절한 시간 배분과 콘텐츠 선별이 필요하다.

　한편 교육 현장에서의 VR교육만큼은 중독성을 걱정하지 않아도 된다. 어느 한 분야를 오랫동안 할 수도 없거니와 유치원, 어린이집은 배워야 할 것도 많고 체험해야 할 것도 너무나 많기 때문이다. VR은 미래의 기술이니 미래의 시대에 잘 적응할 수 있도록 교육되어야 한다. 유치원 아이들이 엄마보다 더 스마트폰을 잘 다룬다는 우스갯소리가 있을 정도이니 말이다. 부모를 포함한 어른들은 지금까지 해 왔던 것만 지속하지만 아이들은 이것저것 다 눌러 보며 탐색한다.

▲ 유치원·초등학교에서 활용되고 있는 어린이 AI VR교육

　어린이 VR교육 콘텐츠는 하루 1회 5~20분 이내의 짧은 체험 시간을 기본으로 한다. 교육자에 의해 LMS중앙제어시스템으로 철저히 제어되는 과정이며 콘텐츠의 특성상 중독성을 지니지 않는다. 오히려 이를 통해 전자기기 매체에 대한 자율적인 절제성을 기를 수 있다.

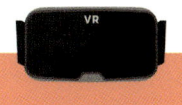

VIRTUAL REALITY

02 어린아이는 머리가 작아서 문제가 되는가?

1) 두뇌 발달 형성 단계의 이해

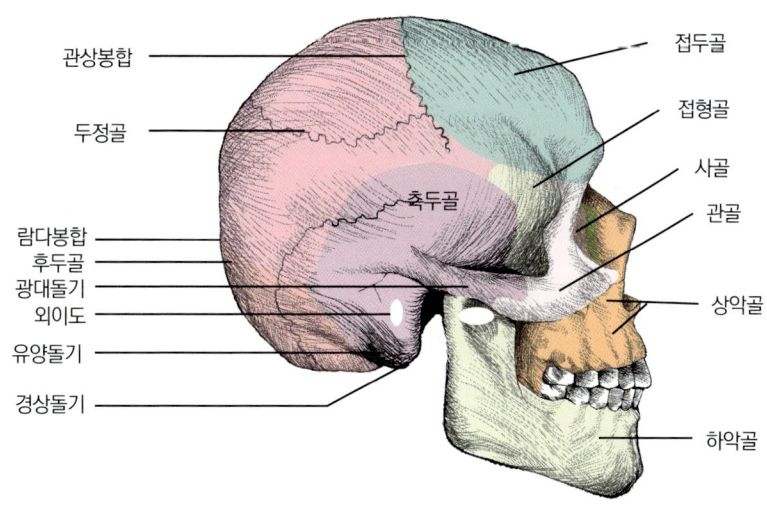

▲ 두개골 구조와 형태

어린이의 두뇌 발달 단계를 살펴보면 3~6세 시기는 전두엽(추리, 계획, 감정 등)의 집중 발달 시기이므로 '세 살 버릇 여든까지 간다'는 속담처럼 인성교육, 예절교육들이 다양하게 이루어져야 한다. 또한 이 시기에는 호기심이 왕성해진다.

6~8세는 우뇌가 60%, 좌뇌가 40% 발달하고 사고력과 상상력이 매우 풍부해지는 시기이다. 지금까지의 학습 능력을 적응해 가며 전두엽에서 측두엽(기억 저장, 위치, 정서 담당 부위)으로 뇌의 기능이 더욱 확장되는 단계이다. 무엇보다 두정엽(입체 감각, 공간 인식, 연산기능의 수행 담당 부위)의 공간 사고가 발달하는 시기이다. 이 시기에는 다양한 학습이 이루어져야 하며 폭발적인 두뇌 발달이 이루어지므로 많은 경험과 학습 기회를 제공하여 어린이가 풍부한 상상력을 지니도록 두뇌를 자극해 주어야 한다. 남윤숙(1999)에 따르면 어린이들은 탐험과 창조를 좋아하고 환상을 즐긴다. 어린이의 상상과 호기심은 창조적인 잠재력의 원동력이 된다고 한다. 또한 8~12세는 측두엽이 더욱더 발달되는 시기이므로 언어능력과 청각능력이 발달하며 말하기, 듣기, 읽기 교육이 잘 이루어진다면 언어능력의 향상의 효과를 볼 수 있다. 계속해서 두정엽의 발달이 이루어지면서 한층 더 업그레이드된 수학적, 물리학적, 공감각적인 능력이 더욱 향상되는 시기이므로 사고의 발달을 이루기 위해 효과적인 교육의 기회를 제공해 주어야 한다.

흔히들 천재가 이미 선천적으로 결정된다고 생각한다. 그러나 뇌의 구조는 선천적으로 유전자로부터 결정되지만 뇌세포 사이를 이어 주는 시냅스 수가 연결되어 지능이 형성되고 그 시냅스 가지가 잘 발달되는 것이 중요하다. 여기서 희소식은 시냅스 수가 잘 연결되는 데 환경의 영향을 받는다는 사실이다. 즉 유전자에 의해서 지능이 형성되었지만 정밀한 구조나 기능은 후천적으로 교육에 의해 결정된다는 것이다. 그러므로 두뇌가 폭발적으로 발달하는 시기에 접하는 교육은 아이들의 시냅스 가지가 잘 발달되도록 하는 중요한 시기임을 잊지 말자!

2) 연령별 두개골의 크기 변화

어린이기 때부터 성인까지의 두개골 크기의 변화는 얼마나 될까? 어린이용 VR기기가 따로 있지 않은 것이 의아하기도 하다. 하지만 두개골의 변화는 어린이부터 성인까지 그다지 크지 않으므로 밴드로 조절하는 HMD 기기의 밴드로 조절을 하는 데 무리가 있진 않다. 그러나 앞으로 VR의 시대가 열리면서 좀 더 어린이에게 맞는 HMD 기기가 개발되어 나오고 기기의 진보를 이룰 것으로 본다. 그러면 나이별 두개골의 크기는 얼마나 차이가 날까?

두개골 영상을 통해 정확한 수치의 변화를 연구한 윤상호[2011]를 참고해서 비교 분석된 데이터를 살펴보자. 먼저 두개골지수란 최대 두개골 너비를 최대 두개골 길이로 나누어 백분율로 나타낸 비지수를 말한다. 두개골지수는 정확한 수치의 적용을 위해서 영상으로 촬영하고 비교 분석을 했다. 나이에 따른 평균 두개골지수를 구하였는데 두개골지수는 나이가 들수록 전체적으로 감소하였다. 표준화된 간접계측법인 두개골계측법으로 연구하였고 대상은 0~20세까지의 연령군을 대상으로 하였으며 표준화된 머리 자세에서 계측하였다. 계측 방법은 두개골 측면과 전후면 X-선 사진으로 두 대의 방사선기계에 의해 촬영되었다. 논문에서는 어린이에서부터 20세 성인까지의 표준화된 머리를 계측할 때 방사선을 통해서 두개골의 최대한의 정확한 수치를 나타내고자 백분율로 표기하였다. 이는 머리카락이나 다른 어느 것도 방해받지 않고 순수 두개골의 형태로 정확한 수치를 나타낼 수 있는 방법을 제시한 것이다.

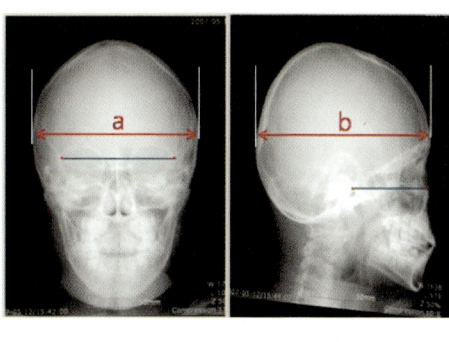

▲ 두개골 X선 사진 - 두개골계측법

나이에 따른 두개골지수를 보면 남녀 전체를 대상으로 분석하였을 때 두개골지수는 오히려 나이가 증가함에 따라 전체적으로 유의하게 감소하였다. 그리고 11세를 기점으로 남자의 두개골지수가 여자보다 더 적어지는 것을 알 수 있다.

Breadth[폭(너비)], length(길이), CI(a cranial index, 두개골지수)를 살펴보면 6~20세까지의 수치는 큰 차이가 없고 오히려 두개골지수가 감소하였다. CI 수치는 Breadth/length×100으로 계산된 수치이다. 이처럼 11세를 기점으로 두개골 크기의 변화가 서서히 감소하고 두개골지수는 오히려 나이가 증가함에 따라서 전체적으로 감소한다는 것을 알 수 있다.

【성별과 연령에 따른 평균 두개골지수】[2]

Male	Age	Person	Breadth	Length	CI	Female	Age	Person	Breadth	Length	CI
703	2mo	13	116.04	126.02	92.19	519	2mo	10	109.55	124.98	87.66
	4mo	16	127.02	140.72	90.26		4mo	11	121.23	139.59	86.85
	8mo	19	127.18	144.30	87.24		8mo	10	123.64	142.90	86.52
	1y	30	136.49	157.83	86.57		1y	30	127.77	142.65	87.04
	2y	31	140.39	159.24	88.25		2y	37	136.72	156.86	87.27
	3y	29	147.97	167.51	88.42		3y	33	137.43	159.76	86.15
	4y	30	145.74	166.83	87.46		4y	22	153.80	174.26	88.26
	5y	37	156.05	179.48	86.77		5y	35	151.22	177.24	85.46
	6y	38	157.87	176.82	87.00		6y	29	152.82	176.57	86.62
	7y	30	158.95	182.85	87.00		7y	30	157.62	179.24	88.06
	8y	40	161.68	182.47	88.78		8y	29	160.15	179.71	89.34
	9y	30	161.33	183.30	88.16		9y	25	163.10	185.44	88.10
	10y	36	164.28	184.89	88.96		10y	14	160.86	185.50	86.84
	11y	31	166.97	186.72	89.56		11y	15	160.44	184.71	87.00
	12y	31	167.20	191.89	87.24		12y	19	159.41	181.63	87.80
	13y	33	167.61	192.42	87.37		13y	11	162.00	182.36	88.98
	14y	31	170.25	196.37	86.85		14y	18	162.00	182.36	88.98
	15y	33	168.64	198.20	85.14		15y	17	168.09	188.45	89.21
	16y	31	169.86	197.48	85.85		16y	15	166.61	191.29	87.12
	17y	34	169.53	196.58	86.35		17y	24	164.34	190.99	86.32
	18y	32	169.65	195.87	86.76		18y	17	165.09	189.70	87.07
	19y	33	169.72	196.81	86.33		19y	31	163.93	188.73	86.92
	20y	35	170.33	199.45	85.51		20y	37	164.80	191.72	86.09

[2] 출처: 윤상호, 두개골 영상으로부터 얻은 한국인의 나이별(0~20세) 두개골지수, 2011, p.7

즉 두개골은 생후부터 12개월까지 성장의 반이 이루어지고, 그 후 18세까지 나머지 반이 서서히 성장하는 것이다. 한국인의 두개골 성장은 길이가 더 오래 성장할 뿐만 아니라 더 크게 성장하였고, 이 때문에 머리가 성장하면서 두개골지수가 점차 작아지는 것을 알 수 있었다. 연구 결과를 통해 두개골의 변화를 수치로 확인해 보니 어린이와 어른의 성장 중 두상의 크기는 큰 차이가 있지 않음을 알 수 있었다.

앞서 말한 바와 같이 성인들 중에도 두상이 작은 사람이 있고 아이들이라도 성인만큼의 두상을 가진 아이들도 있다. 6세 이후의 어린이의 두개골이 90% 정도 성장한다고 했듯이 어린이의 두개골이 성인의 두개골의 크기와 비교 시 큰 차이가 보이지 않음을 논문의 수치상으로 정확히 알 수 있다.

실제 학부모의 안면 실측   실제 어린 자녀의 안면 실측

유치원 6세~초등 저학년까지의 어린이와 학부모의 두개골 사이즈를 측정한 결과 크게 차이를 보이지 않았다. 어른과 아이는 두개골이 아닌 안면골(얼굴 상악과 하악부위)에서만 큰 차이를 보여 VR HMD사용에 무리가 없다.

- 일산 킨텍스에서 3500여명의 자체 측정데이터 기준 -

▲ 어린이와 성인의 두개골 크기 실측 자료

(자료: 주식회사 한국코넷-유아콘VR)

위 자료는 코엑스와 킨텍스 전시관에서 6개월간 3,500여 명의 어린이와 학부모 두개골 둘레를 측정, 데이터화하여 구성한 것이다. 대부분 두개골(이마 부위) 둘레 실측이 50~54㎝ 내외였으며 성인 여성의 머리둘레와 6세 아이의 머리둘레가 같게 나오기도 했다. 개인차가 심하며 어린이는 안면골(얼굴) 부위가 서서히 늦게 자라고 두개골(뇌 부분)은 이미 성인과 크게 차이 나지 않는 것을 알 수 있다.

VIRTUAL REALITY

03 VR이 아이의 눈 건강에 문제가 되는가?

1) 안구 근육의 해부학적 이해

수정체
말랑한 구조로 되어 있으며 맑고 투명한 젤리 형태의 다초점렌즈의 역할을 한다.

홍채괄약근
눈 중앙 홍채의 크기를 조정하여 빛의 양을 조절하는 둥근 조임 근육이다.

모양체근
미세 근육이 긴장과 이완을 반복하며 수정체의 두께를 조절해 준다.

▲ 안구 수정체와 모양체근의 구조

눈은 시각정보를 수집하여 뇌로 전달하는 기능을 가진 감각기관이며 이를 전기·화학 정보로 변환하여 시신경이라는 통로를 통하여 뇌로 전달하는 기관이다. 우리는 이 동공을 통해 외부의 물체를 보고 인지하게 된다.

좀 더 해부학적으로 이야기한다면 우리의 두 눈은 먼 정면을 바라볼 때 수평, 수직, 거의 직각인 상태에서 앞을 보게 된다. 그렇게 되면 눈과 눈 사이의 거리를 그대로 유지하고 멀리 바라보기 때문에 이 눈을 움직이는 상하좌우의 근육들이 어느 한쪽으로 편중되지 않고 편안한 상태가 된다. 그래서 우리는 모노로 되어 있는 장면과 멀리 있는 것을 볼수록 눈이 편안해지고 집중력이 사라지고 편안하게 쉴 수 있는 것이다.

그런데 무언가 가까이에 있거나 책을 보거나 어떤 과녁을 보는 등 양쪽 눈 가까이에 있는 것을 보면 볼수록 안구 근육(안구 외부의 6개 근육과 안구 내부의 수정체를 감싸는 모양체근)에 힘이 많이 들어가고 집중할수록 두뇌가 좀 더 스트레스를 받게 된다. 그래서 '하루 종일 책을 본다'라고 한다면 그것은 책에 있는 글자를 보기 위해서 양쪽 눈이 초점을 맞추면서 눈 근육이 힘을 많이 주게 된다는 것을 의미한다.

그렇게 된다면 눈이 무리를 하게 되기 때문에 가끔가다가 먼 곳을 바라보라고 하는 것이다. 먼 곳을 바라보게 되면 눈이 앞을 바라보게 되므로 눈 양쪽에 있는 근육이 힘을 주지 않은 상태가 되고 초점을 잡는 수정체 외곽의 모양체근도 수축하지 않아 편안함을 가지게 되는 것이다.

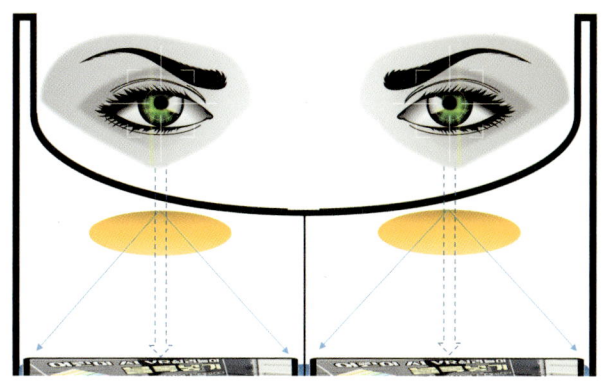

▲ 안구와 VR HMD의 평면도 구조

그러나 무언가에 집중을 하게 되면 초점을 맞추기 위해서 두 눈이 앞에 있는 무언가를 양쪽으로 보게 되고, 눈에 있는 근육들이 힘을 주게 되므로 스트레스를 많이 받게 된다는 것이다. 하지만 이 스테레오스코픽을 적절하게 활용하게 되면 집중력이 향상이 된다는 것이다. 그래서 실제 양안시차에 의해서 입체감을 구현하는 이런 스테레오스코픽을 자주 보게 될수록 아이들은 두뇌가 발달하게 된다는 근거에 도달하게 된다. 그러므로 눈의 피로도를 낮추기 위해 적절한 시간을 준수하는 것이 필요하다.

2) VR 시청 시 눈의 피로도

　VR의 시청 시 VR기기는 눈 가까이에 있기에 눈의 피로도가 높을 수 있다. 따라서 눈의 피로감을 줄 수 있는 요소를 주의한다면 피로감을 줄일 수 있다. 눈의 피로감 요소를 줄이도록 초근접 피사체나 너무 빠른 피사체는 피하는 것이 좋다. 여유 있게 진행되는 콘텐츠가 눈의 피로를 줄인다. VR 제작을 할 때도 너무 밝은 빛이 나는 요소를 지양하도록 한다. 또한 자연광이나 조명등에 주의를 둔다. VR 촬영 시 적정한 거리를 유지해서 너무 가깝거나 너무 멀지 않은 선에서 눈의 입체감의 한계를 생각하고 콘텐츠를 제작하는 것이 필요하다. 무엇보다도 적정한 시간을 준수하고 휴식모드를 적용하도록 하면 VR의 시청 시 눈에 미치는 피로도를 줄일 수 있다.

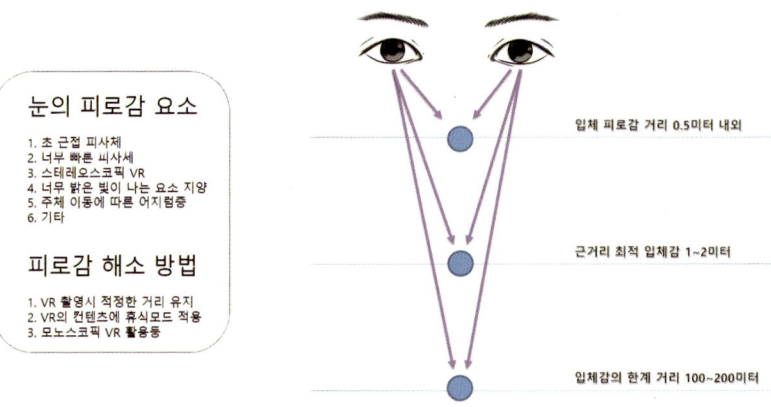

▲ 피사체의 거리에 따른 눈의 피로도

3) VR과 눈 건강의 오해와 진실

(1) 어린이 VR과 난시 유발에 대한 상관성

난시는 대부분 유전적 요소 또는 외상에 의한 각막 손상에 의한다. 과도한 눈의 사용도 난시를 유발할 수 있으나 이는 TV, 컴퓨터, 핸드폰 등과 같은 위험성을 의미한다. 같은 거리에서 오랫동안 시청을 하게 되면 초점을 맞추는 수정체 형태와 모양체근의 근육 움직임이 나빠지게 된다. 집중을 하면서 눈의 깜빡임이 현저히 줄어들어 안구건조증에 의해 문제가 생기기도 하고 유해 블루라이트로 시력저하를 가져올 수도 있다. 쉽게 말해 기존의 평면형 2D 스크린 디바이스가 시력을 나빠지게 한다는 것이다. 하지만 VR은 2개의 렌즈로 기본적인 원거리 초점 전환을 해 주며, 매우 짧은 시간 사용을 전제로 하기 때문에 안구 건강 문제를 오히려 긍정적으로 호전시킬 수 있다.

통제와 지도가 이루어지지 않는 2D 영상 매체들과 달리 어린이 VR은 주 1회 또는 매일 5~10분 이내의 교육지도가 이루어져 난시 유발의 가능성은 희박하다.

VR과 난시의 연관성은 없다.

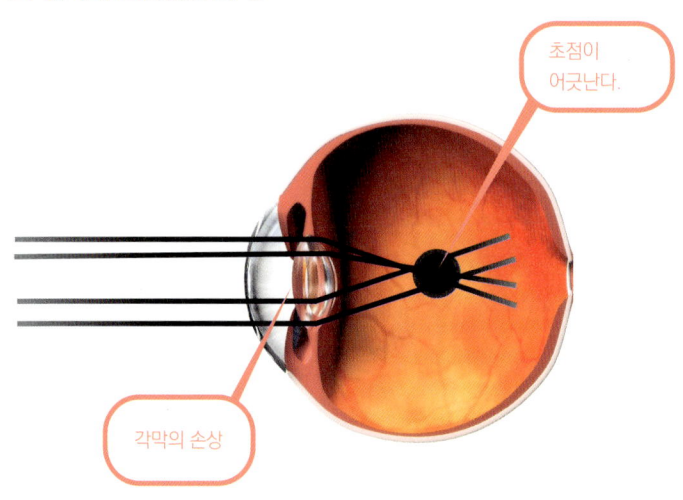
▲ 난시 눈의 불규칙한 각막

난시(亂視)는 글자 그대로 어지럽게 보인다는 뜻이다. 사물을 볼 때 각막과 수정체라고 하는 렌즈를 통해서 사물을 보고 있는데 눈의 굴절력이 안구의 모든 면에서 같지 못하여 평행광선이 점으로 결상이 되지 않고 둘 혹은 그 이상의 초점을 맺는 것을 난시라고 한다. 평행광선이 한 점으로 맺어지지 않고 두 초점이 생기는 상태로 각막의 상태가 굴곡이 져 있을 때 발생하는 정난시와 각막의 반흔, 각막의 상처, 외안부 수술 후 원추 각막, 백내장 초기, 원추 수정체일 때 발생하는 부정 난시가 있다.

【난시의 원인】

난시의 종류	정의	원인
정난시	선천성 유전 또는 후천적 건강과 피로도에 의해 생기는 난시	- 안구 건조 - 안근의 과도한 긴장에 의한 각막의 틀어짐 - 감정적 또는 정신적 쇼크 - 수면부족으로 인한 신경의 과도한 피로 - 스트레스, 음주, 빈혈 등
부정난시	각막의 외상이나 염증에 의한 상처 자국에 의해 생기는 난시	- 원추각막 - 각막외상 - 각막반흔 - 안구에 대한 압박이나 긴장 - 각막이나 결막 - 수정체 등의 외안부 수술을 받은 후유증, 수술 중에 생기는 육체적 쇼크 - 지속적인 긴장으로 인한 각막의 일그러짐, 각막에 혼탁, 굴곡

(2) 어린이 VR과 사시 유발의 상관성

사시도 난시와 같이 유전적 요소 또는 뇌의 중추에 이상이 생겨서 눈에 나타나는 병증이라 할 수 있다. TV를 오래 본다거나 VR을 오래 본다고 해서 양쪽 눈이 다르게 나타날 가능성은 희박하다. 이론적으로 양안이 실물을 보든 가상의 VR 공간을 보든 같은 방향을 바라보기 때문이다. 또한 어린이 VR은 보통 많아야 하루 10분 이내의 교육지도가 이루어져 내직근 또는 외직근 등의 안구 근육 중 어느 하나가 더 세게 잡아당기는 근력강화 이상은 정상적인 상태에서는 발생되지 않는다.

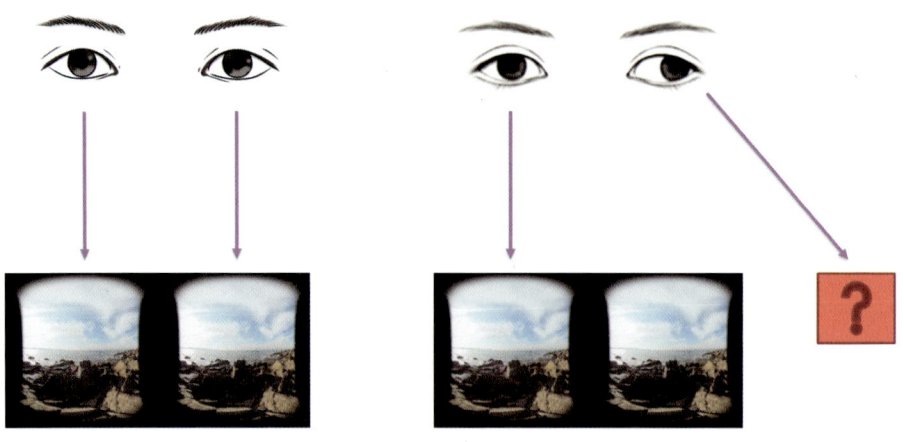

▲ VR 시청과 사시의 관계

🟩 VR과 사시의 연관성은 없다!

사시는 두 눈이 정렬되지 않고 서로 다른 지점을 바라보는 시력 장애이다. 한쪽 눈이 정면을 바라볼 때 다른 쪽 눈은 안쪽 또는 바깥쪽으로 돌아가거나 위 또는 아래로 돌아가게 된다. 항상 눈이 돌아가 있을 수 있지만 가끔 돌아간 눈이 어느 순간 정면을 주시하기도 하고 정면을 주시하던 눈이 돌아가기도 한다. 사시는 소아에게 흔히 나타나는 현상으로, 국내 소아의 약 2%에서 나타나고 있으며 좀 더 늦은 시기에 발병하기도 한다. 남여 사이에 비슷한 비율로 나타나며 가족성 경향이 있지만, 대부분의 사시 환자들은 사시를 가지고 있는 친척이 없다.

대부분 원인을 알 수 없는 경우가 많으며, 가족력이 있는 경우도 많다. 시신경발육부전, 망막이상, 선천성 백내장, 각막이상과 같은 질병에 의한 사시도 있고, 눈을 움직이는 근육인 외안근을 지배하는 신경이 마비되었을 경우 생기는 마비사시도 있다.

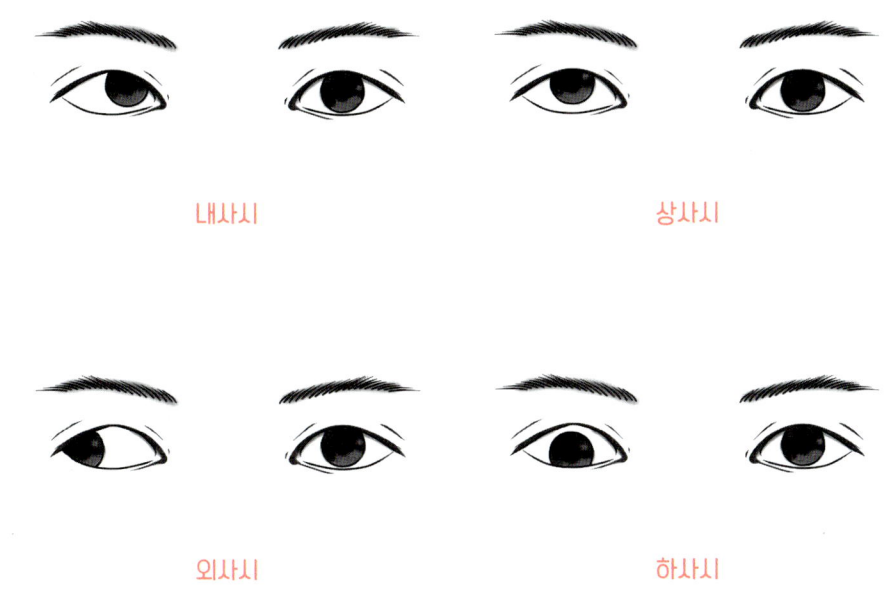

▲ 사시 눈의 모양 변화

(3) VR을 자주 볼수록 시력이 좋아진다!

난시나 사시 또는 전체적인 시력이 매우 중요한 팩트가 될 것 같다. 결론부터 말씀드리자면 VR HMD를 할수록 눈이 좋아진다. 이는 관련 연구나 많은 논문들을 통해 이미 오랫동안 알려진 사실이다. 시력이 떨어진다는 건 나이에 따라 원인이 전혀 달라질 수 있다. 어르신들은 누적된 노폐물, 혈전, 영양 불균형, 황반변성, 골밀도 손실, 안구 수분변화, 신장 문제 등 정말 다양한 원인으로 인해 시력이 떨어진다. 어린이들은 성장하는 단계이기 때문에 시력에 관한 변수가 매우 적다고 할 수 있다. 인간의 시력은 밀폐된 좁은 공간에서 많이 생활하며 생겨났다. 눈 속에는 초점을 조절하는 수정체와 모양체근이 있는데 가까운 거리와 먼 거리를 수시로 보아 가며 이 '모양체근'이 긴장과 이완을 반복해야 건강한 시력을 가질 수 있다. 책이나 컴퓨터, 핸드폰 등을 너무 자주 보면 가까운 거리의 초점을 오랫동안 맞추게 되어 모양체근의 근섬유가 거리를 기억하고 굳어 버리게 된다. 문제는 근육 텐션이 달라지면서 초점조절이 원활하게 되지 않아 시력이 떨어지게 되는 원인이 된다는 것이다.

  VR을 보면서 시력이 좋아진다는 것은 사실이다. 거의 두 배 이상 좋아질 수 있다. '블록스트링 양안시 시지각훈련'이라는 것을 하게 되는데 유튜브에 검색을 해 봐도 전 세계 많은 자료들이 나올 것이다. 눈 속 모양체근의 긴장과 이완을 반복하면서 초점 조절능력을 회복시키는 기술이다. VR에서 그 기술을 활용하려면 입체로 되어 있는 거리감의 콘텐츠를 보아야 한다. 평면을 360도로 펼쳐 놓은 콘텐츠나 아이맥스 영화관모드로 시청하는 식의 영상 기반 콘텐츠들은 오히려 시력에 문제가 될 수 있다. 무엇이든 입체를 보는 것이 좋으며, 이는 좌뇌와 우뇌의 밸런스를 맞춰 주는 매우 중요한 역할을 하기도 한다.

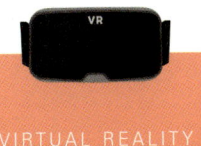

VIRTUAL REALITY

04 VR교육 시 어린이의 목 건강에 문제가 되는가?

1) 척추의 해부학적 이해

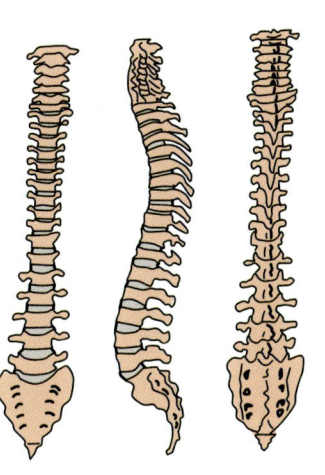 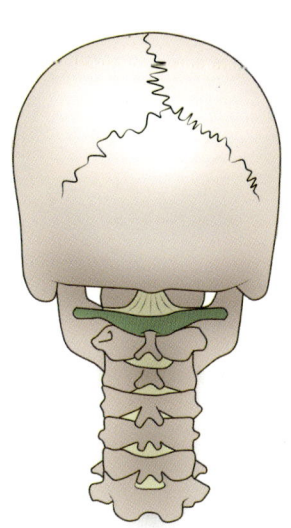

▲ 척추 모형도(좌), 경추 모형도(우)

척추란 척추를 형성하는 여러 개의 날개 뼈를 말하며 경추 7개, 흉추 12개, 요추 5개, 천골 1개, 미골 1개로 총 26개의 척추로 구성되어 있다. 해당 뼈는 목뼈, 등뼈, 허리뼈, 엉덩이뼈, 꼬리뼈로 이루어져 있으며 목뼈부터 골반뼈까지 연결하면서 몸의 중심을 이루어 신체를 지지한다. 또한 골격과 평형을 유지하며 척수를 보호하는 기능을 한다.

특히 머리와 몸을 이어 주는 부분이 바로 경추인데 정맥·교감신경이 지나가는 통로가 있고, 각종 신경이 지나가는 통로이므로 인체에서 가장 중요한 부위 중 하나이다. 경추는 머리의 무게를 감당하고 있으므로 여러 가지 잘못된 자세나 고개를 숙인 채 장시간의 스마트폰 사용하는 등의 습관은 경추 모양에 변형을 가져오기도 한다.

우리의 몸을 지지하고 있는 척추는 잘못된 자세나 생활습관, 교통사고 등으로 디스크가 생기기도 하는데 그러한 척추의 변형을 막기 위해서는 올바른 자세의 교정과 스트레스를 줄이고 적절한 스트레칭이 필요하다.

2) 거북목 증후군과 VR이 관계없는 이유

▲ VR HMD활동은 거북목을 방지하는 이완 효과가 있다.

앞서 말한 바와 같이 경추는 중요한 신경이 지나가는 통로이며 머리와 몸을 이어 주는 중요한 부분이다. 경추는 머리의 무게를 감당하고 있기에 잘못된 습관을 지속할 경우 모양의 변형을 가져온다. 자세의 불균형, 교통사고 등의 원인들이 있고 같은 자세로 오랜 시간 스마트폰을 하며 고개를 숙이고 있는 같은 자세를 장시간 취할 때 목의 피로도를 높이고 변형을 가져올 수 있다.

이처럼 습관으로 인해 목뼈에 변형이 오기도 하는데 이를 경추만곡이라고 한다. 건강한 목뼈는 옆에서 봤을 때 C자형 커브를 유지하고 있으나 거북목증후군인 경추만곡은 목의 곡선이 일자로 펴진 상태로 굳어져 머리 무게를 제대로 분산시키지 못해 목통증이 생길 수 있다. 요즘은 연령, 성별에 관계없이 이러한 증상들이 나타난다. 목뼈에 변형이 오면 통증을 비롯한 다양한 문제를 일으키고 교정이 어려우므로 경추에 무리가 가지 않는 자세교정은 평소에도 매우 중요하다.

VR기기 때문에 목의 변형이 생기는 것은 아니지만 VR기기인 HMD의 무게감이 목의 영향을 주지 않도록 어린이들은 5~10분 정도의 시간을 준수하고 머리가 작은 아이들은 그보다 더 시간을 단축시키도록 한다. 성인들 또한 너무 장시간 사용 시 목에 무리가 될 수 있기 때문에 적정 시간을 준수하고 기기 사용 후 스트레칭으로 목의 긴장을 풀어 준다. VR기기는 오랫동안 착용하는 것이 아니므로 적절한 사용과 스트레칭을 병행한다면 경추에 무리가 되지 않고 피로를 줄일 수 있다. 평소에도 경추의 피로도를 예방하기 위해서 올바른 생활 습관이 필요하다.

정리하자면, 거북목증후군의 원인은 너무 오랫동안 고개를 빼고 고정된 자세로 바라볼 때 생긴다. 그 상태가 오래 지속되면 목과 어깨 근육에 무리가 가고 경추가 굽어지게 되어 문제가 발생한다.

VR은 거북목의 원인과 관계가 적다. 180도나 360도의 공간 안에 있게 되므로 VR 착용 시 어느 한 지점만 보는 것은 사실상 불가능하다. 아이들의 경우에도 VR 착용 후 곧바로 하늘과 땅, 좌우와 뒷면까지도 탐색하고 바라보는 현상이 생기기 때문이다. 이는 고개가 한곳으로만 오래 고정되어 발병하는 거북목 경추손상과 무관하다는 증거이다.

한 가지 주의할 점은 VR을 통한 2D 콘텐츠 시청이다. 많은 기업들이 VR콘텐츠의 양을 늘리기 위해 기존 영화, 드라마 등도 VR콘텐츠에 넣는 경우가 다반사이다. VR을 착용하여 2D 영상을 보면 극장에서 보는 느낌을 주기 때문이다. 하지만 사실상 한 곳만 오랫동안 보게 하는 것은 문제로 작용하므로 2D콘텐츠를 VR로 아이들에게 보여 주는 것은 가능한 한 금기시해야 한다. 아무리 가벼운 VR기기라 할지라도 어린아이들에게는 부담이 될 수 있기 때문이다. 반드시 어린이 VR콘텐츠는 180도, 360도 VR전용 콘텐츠를 보여 줄 때만 거북목증후군으로부터 안전할 수 있다.

▲ 지역축제 VR특별관에서 VR체험을 하고 있는 어린이들.

VIRTUAL REALITY

05 어린이 VR은 어지럼증 문제를 해결하였는가?

VR을 싫어하는 사람들이 있고 VR을 매우 좋아하는 마니아층이 있다. 어떤 기기든 처음에는 호불호가 갈릴 수 있지만 가장 큰 공통적 문제로는 '어지럼증'을 말할 수 있다. 사실상 어지럼증은 HMD를 만드는 공학자와 콘텐츠를 만드는 제작자가 연구하는 부분이 서로 다르다. 한 번의 VR체험으로 어지럼증을 경험했다면 아무리 좋은 콘텐츠라 할지라도 다시 사용하고 싶지 않을 수 있으니 매우 중요한 과제라 하겠다. 어지럼증의 발생 원인을 자세히 살펴보도록 하자.

1) 하드웨어 원인과 해결방법

하드웨어로 인해 성능이 떨어지게 되면 우리가 고개를 돌리는 순간 헤드트레킹[3]을 얼마나 빨리 감지하고 잡아내느냐에 따라서 어지럼증이 느껴지는 정도가 달라진다. 또

---

[3] 헤드트레킹(head tracking): 가상현실(VR) 디스플레이(HMD)를 사용자 머리에 착용하고 상하좌우의 움직임을 추적하는 기술.

한 VR 안에는 LCD가 들어가는데 LCD에 리플레시레이트[4]라고 하여 화면에 영상을 뿌려 주는 속도가 있다. 이 속도가 느릴 때에도 어지럼증 현상이 나타날 수 있다.

하지만 지금 나오는 거의 대부분의 VR들은 어느 정도 기술적인 진보를 가져왔기 때문에 기계 자체로 인한 어지럼증은 거의 없다고 해도 과언이 아닐 것이다. 헤드트래킹과 리플레시레이트 이외에 문제가 되는 것은 볼록렌즈이다. LCD화면을 근접하여 확대해 주기 위해 볼록렌즈를 사용하게 된다. 이때 단초점렌즈의 두꺼운 것을 얇게 만들기 위해 프레넬렌즈(fresnel lens)를 쓰는데 마치 물웅덩이에 돌을 던졌을 때 원형 파장이 생기는 것처럼 미세한 원형이 층층이 만들어져 있다. VR을 볼 때, 코 부분에서 빛이 새어 들어오면 프레넬렌즈의 특성상 무지개처럼 원형의 빛 파형이 보이기도 한다. 현재도 중저가형 VR HMD들은 프레넬렌즈를 사용한다. 이를 확인하려면 앞서 이야기한 대로 물결 파장무늬라든지 아니면 VR자체의 두께를 보면 된다. 두께가 두꺼운 건 무조건 프레넬렌즈를 쓴다.

볼록렌즈는 정중앙으로 위치하여 보았을 때 가장 선명하고 조금이라도 중앙을 벗어나면 뿌옇게 보일 수 있다. 그렇기 때문에 이 사실을 알지 못하는 VR초보들은 흐린 화면에 불만을 품고 '좋지 않다'라고 섣불리 판단하는 것이다. 렌즈 외곽의 흐림도 어지럼증의 원인이 될 수 있다. 어지럽다고 느끼는 사람들은 렌즈의 정중앙에 눈을 맞추기 위해 VR을 움직이는 것이 좋다. 우리가 평상시에 무언가를 볼 때는 눈동자만을 돌릴 때가 많지만 VR은 특성상 시야각이 작기 때문에 무언가를 보려면 눈동자를 돌리지 말고 고개를 돌려서 보는 것이 좋다. 우리가 어떤 피사체를 볼 때는 눈동자의 정중앙이 그 피사체의 정중앙을 볼 수 있도록 고개를 돌리면서 보는 습관을 지니면 조금 더 어지럼증을 해소할 수 있다.

---

[4] 리플레시레이트(Reflash Rate): 1초당 화면이 깜빡거리는 정도. CRT모니터가 영상을 만들어 낼 때, 초당 수십 번 깜빡임으로써 영상을 구현해 내는데 이 정도를 리플레시레이트, 또는 수직주파수라고 한다.

최근에는 프레넬렌즈의 단점을 보완한 팬케이크렌즈가 개발되어 나오고 있다. 안경렌즈처럼 매끈하여 프레넬처럼 물결무늬가 없다. 게다가 기존 초점조절 거리도 좁혀져서 VR자체의 두께도 확연히 얇아지는 효과를 준다. 가격적인 면에서 여유가 있다면 반드시 팬케이크렌즈가 탑재된 VR기기를 도입하시기를 권해 드린다.

간혹 렌즈에 이물질이 껴서 흐리게 보이는 경우도 많다. 안경을 관리하듯 깨끗한 천으로 VR 사용 전에 한 번씩 닦아 주는 습관이 필요하다.

2) 콘텐츠적인 원인과 해결방법

　콘텐츠를 제작하는 사람들이 꼭 기억해야 될 것은 육체와 눈의 이질감을 최소한으로 줄이는 것이다. 게임이든 영상이든 콘텐츠에 있어서 체험자가 그대로 앉아 있는데 VR 체험을 할 때 움직임이 있으면 좋지 않다.

　이럴 때 어지럼증이 발생하기 때문이다. 어지럼증의 최대 적은 무빙 촬영이다. 예를 들어 현실 속의 나는 제자리에 계속 앉아 있는데 VR을 착용했더니 롤러코스터를 탄다고 하면 실질적으로 이질감을 느끼는 것이다. 나는 그것을 타고 있지 않고 몸이 움직이지 않는데 VR영상이 움직인다면 대부분 어지럼증을 느끼게 된다. 그래서 내 몸은 가만히 있는데 영상이 앞으로나 뒤로 그리고 위아래 좌우 어느 방향이든 움직임이 있으면 어지럼증이 유발된다.

▲ 어지럼증을 유발하는 움직임 강한 콘텐츠 – 중앙 수직 고도계로 완화 가능

　또 다른 원인으로는 사람의 눈높이에 있다. 예를 들어 170㎝의 키를 가지고 살아가

는 사람이 있는데 이 사람이 갑자기 높은 데로 올라가서 보게 되면 어지럼증을 느끼게 된다.

VR이 평상시의 시점보다 매우 높기 때문에 뇌가 불안함의 신호를 보냈기 때문이다. 즉 실제 어지럼증은 아니지만 뭔가 불안한 시각적 요소가 발생하면 안정성을 원하기 때문에 어지럼증으로 느끼게 되는 것이다. 그래서 VR콘텐츠를 제작할 때, 갑자기 지면과 가까운 낮은 상태에서 촬영하거나 일반적인 사람의 키보다 훨씬 높은 곳에서 촬영을 했을 때 VR 체험자들은 어지럼증을 느낄 수 있다. 혹은 VR 촬영기기 자체를 수평에 맞지 않게 앞으로나 위로 기울여서 촬영하게 되면 우리는 술을 먹은 후 땅이 일어서는 듯한 느낌을 받으면서 평형성을 잃어버리게 된다. 그래서 어지럼증 방지를 위해 반드시 촬영할 때 움직이면서 촬영을 하지 않고 수평을 유지해야 한다는 것을 꼭 기억해야 한다.

어린이 VR도 마찬가지이다. 아이들도 똑같이 어지럼증을 느끼기 때문에 반드시 어린이 콘텐츠에 어지럼증 요소를 없애야만 한다. 어린이 VR의 경우에는 움직임을 최소한으로 줄이고 VR콘텐츠를 보고 있는 아이는 관찰자의 시점에서 다른 피사체가 움직이는 것을 보는 것이 가장 좋다. VR을 착용한 사람은 몸이 가만히 있는 상태에서는 다른 피사체가 움직여도 어지럼증을 잘 느끼지 않는다. 이 부분을 꼭 기억하는 것이 좋다.

움직이는 부분을 최대한 없애고 텔레포트 방식을 쓰는 것도 좋다. 텔레포트는 움직이면서 촬영하는 것이 아니라 예를 들어서 A라는 지점, B지점, C지점이 있으면 A지점에서 촬영을 하고 끈 다음 B 지점에서 다시 촬영을 하는 방식이다. 그리고 다시 C지점에 가서 촬영을 하고 끊는다. 이렇게 만든 영상을 이어 붙이게 되면 전혀 움직임이 없이 순간이동의 텔레포트 방식으로 다른 곳에 이동해서 안정된 영상을 볼 수 있다. 이 기법을 쓰게 되면 전혀 어지럼증을 느끼지 않게 된다.

그래픽 기반의 VR콘텐츠도 마찬가지다. 6DoF로 공간을 직접 걸어 다니며 체험하게 하면 어지럽지 않다. 하지만 몸은 그대로 있는데 컨트롤러를 조작해서 이동하는 효과를 갖게 되면 급격히 어지럼증을 느끼게 된다. 그렇기 때문에 아이들은 VR교육 시 활동적인 것은 실제 몸이 움직여도 부딪히지 않을 안전한 공간에서 실제로 이동하게 하는 것이 좋다. VR에서의 어지럼증은 콘텐츠 제작자의 현장 경험 무지에서 나온다. 유아나 초등학생의 눈높이와 발달단계를 모르고 성인의 입장에서 개발하게 되니 문제가 되는 것이다. 그래서 어린이 VR교육 콘텐츠는 유아교육 또는 아동학을 전공한 교육자와 VR콘텐츠 제작자가 긴밀히 소통하며 현장에 맞는 실질적인 것으로 기획 제작해야 한다.

▲ 어지럼증을 전혀 느끼지 못하는 집중력 강화 VR콘텐츠

(자료: 주식회사 한국코넷-유아콘VR)

PART 03

어린이 VR교육의 기대효과

1. ADHD 치료와 집중력 향상 및 두뇌 밸런스 조절   100
2. VR교육을 통한 관찰력과 탐구심 향상   108
3. 사교성과 사회성 발달촉진   112
4. 언어 표현과 인지능력 발달   115
5. 두뇌발달과 아이디어 창출 효과 등   119
6. 연구자료, 자폐아와 ADHD, 공포증 치료로 쓰이는 'VR 정신치료'   121

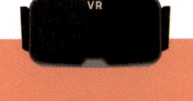

VIRTUAL REALITY

01 ADHD 치료와 집중력 향상 및 두뇌 밸런스 조절

아이들은 흥미가 있거나 재미가 있지 않으면 교육적인 효과가 떨어진다. 성인들 같은 경우에는 유익하다 싶으면 거기에 니즈가 생겨서 무언가 자발적으로 공부를 하게 되지만 특히 아이들은 너무 솔직하고 순수하므로 재미있거나 흥미 있지 않으면 교육에 집중하기가 어렵다. 어떤 VR콘텐츠를 아이들에게 적용하느냐에 따라서 이 효과는 천차만별이 될 수 있다.

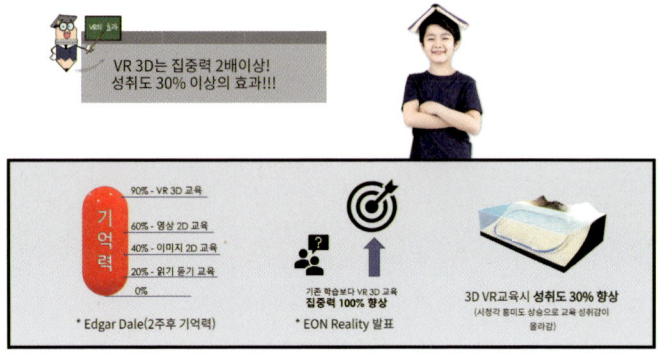

▲ VR HMD의 월등한 교육효과

모든 시청각 미디어는 교육에 있어 월등한 효과가 입증되고 있다. 또한 모든 어린이 미디어는 성인의 지도하에 안전성을 유지할 수 있다. 그러나 거의 대부분 가정에서는 시청 지도를 하지 않고 방관하고 있다.

▲ 평면 시청각과 VR 3D 시청각의 차이

양안시차[binocular parallax(disparity)]는 3차원 영상에서 왼쪽 눈과 오른쪽 눈에 맺히는 영상의 차이를 말한다. 사람의 눈은 가로 방향으로 약 6.3~6.5㎝ 떨어져서 존재하는데, 이로 인해 나타나게 되는 양안 시차는 입체감의 가장 중요한 요인이 된다.

왼쪽 눈과 오른쪽 눈이 보는 각도에는 시각적 차이가 있다. 살짝 왼쪽 눈을 감아 보고 그다음 오른쪽 눈을 감아 보면 피사체가 보이는 각도가 약간씩 다르다. 이는 눈과 눈 사이가 떨어져 있기 때문에 생기는 차이인데 이로 인해 실제 거리감을 느끼고 입체감을 느끼게 되는 것이다. 그래서 양안시차로 인한 입체감 구현과 두뇌의 발달을 가져오는 부분으로 인해 스테레오스코픽이 활용된다. 이때 사람은 모노로 볼 때 두뇌가 휴식을 하게 되고 스테레오로 볼 때 두뇌가 긴장을 하고 집중하게 된다는 것을 알아야 한다. 따라서 집중력을 키운다는 것은 스테레오스코픽으로 한 지점을 집중해서 바라본다는 뜻이다. 즉 우리가 편히 휴식을 취하듯 마음을 편안하게 하여 본다는 것은 멍하니 먼 산을 바라보듯 모노스코픽처럼 본다는 뜻이다. 여기에는 수정체를 움직여 주는 모양체근의 이완도 한몫을 한다. 렌즈 역할의 수정체가 거리 초점을 맞추는 데 활용되는 모양체근이 먼 거리를 볼 때 이완되기 때문이다. 모든 근육은 수축(긴장)이 아닌 이완됐을 때 휴식을 취하게 된다.

스테레오 입체시각은 2미터 내외의 가까운 거리에 있는 피사체를 보는 것이므로 양쪽 안구의 내직근이 긴장을 한다. 책이든 바둑, 장기이든 오랫동안 집중하여 보게 되면 눈의 피로가 가중될 수밖에 없는 해부학적 구조이다.

입체감은 양안시차에 의해 앞에 있는 무언가를 집중한다고 앞서 이야기했다. 학창시절 공부를 잘하는 학생은 책에 집중했고, 공부를 못하는 학생은 먼 하늘, 뜬구름만 멍하니 바라보았을 것이다. 집중이란 해부학적으로 두 눈을 어딘가에 초점을 맞춘다는 것이다. 안구의 안쪽에 있는 내직근이 긴장하며 입체시각을 만들고 모양체근이 긴장하여 수정체로 인한 거리감을 정확히 느낄 때 집중이 되며 학습효과가 높아진다고 할 수 있다. 공부를 잘하는 학생은 초점을 잘 맞추고 스테레오스코픽 상태를 자주 만든다는 이야기다. 반대로 먼 산을 바라보는 것은 적어도 수백 미터에서 수천 미터 이상 먼 곳을 보게 되니 양측 안구의 내직근과 외직근의 긴장이 없다. VR에서의 모노스코픽 상태인 것이다. 이는 안구 근육의 긴장이 없기 때문에 마음이 편안하고 아무 생각 없이 휴식을 취할 수 있다는 것을 의미한다. 몸의 큰 근육들은 긴장될 때 바로 느끼지만 눈 속의 미세 근육들이 긴장하는 것에 대해서는 잘 인지하지 못한다. 미세 근육들도 오랫동안 경직되면 눈이 아프고 피곤한 것이다. 결국 사람이 휴식을 취할 때는 눈을 감거나 먼 곳을 바라보며 초점을 흐릴 때 비로소 가능해진다.

이런 해부학적 원리를 근거로 할 때, VR교육도 스테레오스코픽을 활용한 집중력 향상이 되며 ADHD[5]에 해당되는 아이들이 VR교육을 통해 집중력 향상을 기대할 수 있다고 하겠다. 실제 외국에서도 이와 같은 연구가 활발히 진행되어 검증되기도 했고 국내에서도 VR을 통한 ADHD 치료 프로그램을 개발 중이기도 하다. 사실 어떤 콘텐츠를 사용하건 VR교육은 기본적으로 집중력을 향상시켜 주는 메커니즘을 가지고 있다. 그 이유는 아래와 같다.

1) VR기기의 특성상 외부의 산만한 요인들을 원천 차단한다

산만하다는 것은 어느 한 곳에 오랫동안 집중하지 못하고 어수선하다는 뜻이다. 주의집중 시간이 짧아 여기저기 시선을 자주 옮기기 때문에 학습에 있어서 문제가 생기기도 한다.

VR교육은 산만한 주변 배경과 요소를 삭제하고 흥미를 유발하는 특정 개체를 만들어 집중하게 할 수 있다. 이때 개체의 움직임에 따라 3D 음향 효과를 가미하면 아무리 ADHD 아이라 할지라도 VR교육에 몰입한다. 즉 ADHD의 경중 정도에 따라 VR콘텐츠의 배경 또는 산만함을 가져올 수 있는 요소를 과감히 삭제하고 집중할 수 있는 흥미로운 개체를 만들어 입체 사운드와 함께 제공하면 집중하게 된다.

▲ 어린이 VR동화에 집중하는 아이

[5] ADHD: Attention Deficit Hyperactivity Disorder, 주의력 결핍 및 과잉 행동 장애.

2) 양안시차에 의한 자연스러운 집중 상태를 만든다

아이가 VR콘텐츠 내에서 흥미와 재미 요소를 찾는다면 집중효과를 더욱 극대화시킬 수 있다. 모노스코픽보다는 스테레오스코픽이 더 큰 집중 효과를 나타낸다. 양안시차에 의한 스테레오스코픽의 원리는 앞서 설명한 바와 같이 좌측과 우측의 안구에 받아들여지는 시차에 의해 뇌에서 합성하여 입체시를 만들어 낸다. 양안시는 단안시보다 10% 이상 더 나은 시각을 만들어 주는 것으로 알려져 있다. 평상시에는 두 눈에 펼쳐진 사물과 풍경들을 바라볼 때 의도적으로 집중하지 않는 한 편안한 상태에서 모노스코픽을 지향한다. 하지만 책을 펴서 공부를 하거나 그림을 그리는 등 집중하기 위해서는 양안시차를 통해 보고자 하는 곳에 초점을 맞추고 집중(초점 유지시간)을 오랫동안 유지해야만 한다. 앞서 집중은 안구의 내측에 위치한 내직근이 긴장되며 안구를 움직여 초점을 맞추는 것이라 설명했다. 오래 집중하면 눈과 머리가 아픈 이유는 근육의 긴장, 뇌의 양안시차 합성으로 인한 피로도 때문이다. ADHD 아이들은 어느 한 군데에 초점을 오래 맞추지 못한다. 하지만 스테레오스코픽 VR콘텐츠의 경우 VR기기의 특성상 머리에 착용했을 때 두 눈이 자동으로 초점을 맞추게 한다. 쉽게 말해 10분간의 플레이 타임을 갖는 3D 스테레오스코픽 콘텐츠를 보게 되면 10분 내내 양안시차에 의한 안구 내측근의 긴장을 가져오게 되고 이는 곧 집중력을 향상시키는 트레이닝 요소가 된다는 의미이다. 의도하건 의도하지 않건 입체 양안시차에 의한 콘텐츠는 집중력 향상에 탁월한 효과가 있을 것이다.

좌우 두 개의 눈이 서로 바라보는 시차에 따라
3D 입체로 보이는 것. 같은 원리로
VR 카메라의 두 개 렌즈가 양안의 차이로 촬영하여 합성한다.

▲ 양안시차

3) 좌뇌와 우뇌의 밸런스를 맞추어 학습에 효과적인 뇌파를 만든다

사람은 대부분 오른손을 많이 쓰거나 혹은 왼손을 쓰기도 한다. 어르신들이 치매예방 훈련이라고 해서 손가락 운동을 자주 하는 걸 볼 수 있다. 이처럼 손은 뇌와 매우 밀접한 관계를 가진다. 하지만 손을 자주 사용하더라도 눈을 감으면 그 효과가 매우 많이 떨어진다는 걸 아시는지? 사실 손가락 운동은 눈과 손의 협응력 운동이다. 눈으로 보고 뇌에서 판단하며 손가락을 연동하여 움직이는 것이다. 달리기를 할 때 팔을 움직이지 않고 발만 움직였을 때 전력질주가 어려운 것처럼 손도 마찬가지다. 손을 움직일 때는 반드시 양쪽 손으로 잘 보아야 한다. 우리의 몸은 손과 팔의 움직임이 80%를 차지하고 발과 다리가 20%를 차지한다고 볼 수 있다. 움직임의 비율도 맞아야 하고 좌우의 대칭성 운동도 매우 중요하다. 무용이나 댄스에서는 좌우 움직임을 '호간수'라고 부르는데 좌로 3번 이동했으면 우로 3번 움직여서 밸런스를 맞추어야 한다. 몸의 상하좌우 운동이 대칭을 이루어야 근육 텐션이 대칭을 이루며 뼈와 인대가 중심축에서 벗어나지 않는다. 흔히 디스크라고 불리는 '추간원판탈출증'도 급격하게 한쪽 근육을 움직였거나 몸의 근육들이 비대칭일 때 뼈를 당겨서 디스크(추간원판)가 밀려나는 병증이 되는 것이다. 왜 뇌 이야기를 하다가 몸 이야기를 하는 것일까? 우리의 뇌도 몸과 마찬가지로 밸런스가 맞아야 문제가 없다. 아이들에게 "우리의 뇌가 몇 개니?"라고 물으면 모두가 한목소리로 "1개요!"라고 외친다. 아니다. 우리의 뇌는 2개다. 좌뇌와 우뇌로 나누어진다. 성인들도 가끔 이것을 망각할 때가 많은 듯하다. 왼손과 오른손이 있듯이 좌뇌와 우뇌로 나뉘며 그 사이를 연결하는 곳이 '뇌량'이다. 이 뇌량이 두껍고 튼튼해야 양쪽 뇌가 서로 협응을 잘하여 머리가 좋아지는 것이다.

   머리가 좋아지려면 무엇을 해야 할까? 필자가 EBS 생방송에 출연하여 자주 외치던 것이 좌우 밸런스 운동이었다. 머리를 쓰는 것이 싫으면 몸을 좌우 밸런스에 맞게 움직이며 축구든 배구든 운동을 한다. 어릴 때 테니스나 탁구, 골프 같은 비대칭 운동보다 태권도, 축구, 달리기, 수영 등을 해야 하는 이유가 여기에 있다. 하지만 뇌를 좋게 하는 데 집중하는 시기라면 머리에 집중하자. 뇌로 들어가는 게이트는 눈과 귀이다. 오감 자체가 뇌로 모두 간다고 하겠으나 사실 눈과 귀가 가장 밀접한 관련이 있다. 특히 눈은 뇌의 일부분이다. 장기를 나눌 때 안구 따로 뇌 따로 설명하는 분들은 해부학적 지식이 부족한 분들일 게다. 뇌는 눈과 같이 생성되고 발달하는 같은 부위이다. 뇌의 일부분이 눈으로 같이 생성된다고 보면 된다. 그러면 뇌를 직접 자극하기 위해서는? 그렇다. 바로 양쪽 눈을 자극해야만 한다. VR에서 입체를 만들어 주지 않는다. 단지 왼쪽과 오른쪽에 시차를 둔 영상을 보여 줄 뿐이다. 이걸 우리의 양쪽 눈에서 받아들여 뇌로 전달해 주면 뇌는 뇌량을 통해 서로 정보를 공유하며 입체로 합성하는 작업을 한다. 이것이 3D 입체가 만들어지는 메커니즘이다. 우리의 눈은 입체시가 될 때 가까이 볼수록 효과가 강해지고 멀수록 약해진다. 때문에 뇌 밸런스를 잘 맞추려면 1.5~2미터 내외의 거리에서 양안시 폭주를 일으켜 3D 입체감을 강하게 발현시키는 것이 좋다. 이때 '입체 쾌감'이 발생한다. 팔이 80%이고 다리가 20%라고 한 것처럼 뇌에서는 눈이 80%이고 귀가 20%이다. 귀에서도 5.1채널의 공간음향 처리를 하면 뇌 안에서 입체 음향의 공명이 발생한다. 눈과 눈 사이에서는 제3의 눈이 생겨나고, 귀에서는 뇌 안에 제3의 귀가 생성되는 것이다. 그렇기에 눈에 가까이 대고 보는 양안시 입체 VR영상과 귀에 가까이서 들리는 5.1채널 공간 입체음향이 뇌를 자극하면 안 쓰던 뇌도 협응을 할 수밖에 없다. ADHD 아이들이 제대로 된 VR콘텐츠를 수시로 보게 한 후 매우 호전된 결과를 갖게 된 연구결과도 이를 입증하는 것이다. 아이들이건 어른들이건 제대로 된 VR HMD로 제대로 된 VR콘텐츠를 사용하는 건 매우 중요한 일이다.

학습과 치료 목적의 <어린이 VR교육>연구
Illuminate a Child in a Good World

집중력, 감정조절, 암기력, 학습에 어려움을 겪는 불특정 다수의 다양한 연령대를 대상으로 약 2주간 아래의 3가지 VR콘텐츠를 집중교육 실험하였다.

색채심리/기억력 블록놀이

주의력/집중력 화살쏘기

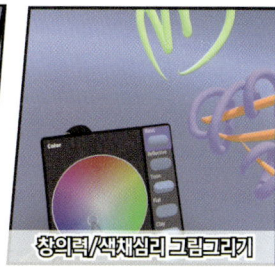
창의력/색채심리 그림그리기

체험자 공통 후기 요약 :
1). 이상하게 눈이 시원해지고 뇌가 맑아진것 같아요.(50대 여성 상담사)
2). 블록놀이하는데 너무 신기한 색깔이 많고 재미있어요.(초등 1학년 남자 어린이)
3). 평상시에는 한쪽 손을 많이 쓰는데 VR할때는 양손잡이가 된것같아서 신기해요.(20대 초반 대학생)

<유아콘 VR교육> 2주후의 놀라운 효과

어린이와 일반 성인, 60세 이상의 불특정 다수에게 2주간 VRHMD집중교육을 시킨 결과 분노조절장애, ADHD, 우울증등의 복합적 문제를 겪는 뇌파가 안정적으로 자리를 잡았다.
(적용하는 VR콘텐츠의 종류에 따라 효과와 뇌파의 파형이 달라질 수 있음)

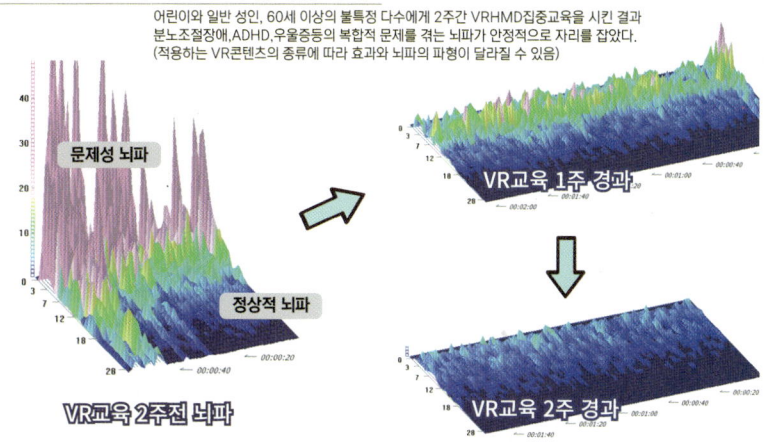

▲ 어린이 VR교육 후의 뇌파 밸런스

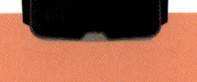

VIRTUAL REALITY

02 VR교육을 통한 관찰력과 탐구심 향상

    과거에 오랫동안 해 왔던 교육은 책을 통하거나 TV 등 평면 미디어에 의한 것이었다. 어린이들은 가끔 외부로 나가 체험활동을 하기도 했지만 대부분의 시간을 유치원이나 어린이집 건물 내에서 보냈다. 이 말은 긴 시간 동안 건물 내부에서 외부에 대한 교육을 습득한다는 말이기도 하다. 그림책이나 TV 등을 통해 먼 나라를 보고, 하늘과 땅과 바닷속을 알게 되고, 계절의 변화도 공부하게 된다. 하지만 이는 매체의 특성상 아이가 집중하지 않으면 습득되지 않는 치명적 단점이 있다. 1명이 1개의 TV를 앞에서 보는 것에 비해 20여 명의 아이들이 옹기종기 모여 앉아 TV를 같이 보는 것은, 제일 뒤에 앉아 있거나 키가 작아서 안 보일 수도 있고 옆의 아이가 장난쳐서 집중을 못하기도 한다. 평면형 미디어 세계에서의 교육이었다. 책도 평면이고 TV도 평면이고 프로젝터도 평면이었다.

    왜 한국을 포함한 전 세계가 4차 산업혁명이라 부르며 VR의 태풍을 극찬하는 것일까? 일부의 한정된 화면에 불과했던 평면 미디어 세상에서 360도 모든 시야를 커버하는 3D입체 미디어 세상으로 탈바꿈했기 때문이다. 눈에 보이는 모든 곳을 화면으로 만든다는 것, 만져질 듯한 입체감과 현실감을 준다는 것은 실제 체험해 보지 않고서는 알 수가 없다.

어린이 VR교육을 진행하면서 재미있었던 사실은 모든 아이들이 VR기기를 착용하자마자 세 가지 반응을 보인다는 것이다.

1) 앞만 보던 아이가 VR 착용 후 관찰을 시작한다

당연한 결과이겠지만, VR은 전혀 다른 세상을 보여 주는데 마치 물안경 같은 시야를 보여 주기 때문에 자세히 살피기 위해서는 고개를 움직여 가며 상하좌우를 살필 수밖에 없다. 많은 아이들이 거의 동일한 행동을 보이고 있었고 시청이 끝날 때까지도 그 관찰과 탐구를 멈추지 않았다. 개인 의지에 의한 탐구활동은 시켜서 되는 게 아니었다. 깊은 바닷속이나 동화 속 장면에서도 아이들은 이리저리 살피며 사소한 것 하나하나에 관심을 보이고 관찰을 했다.

▲ 이리저리 관찰하는 아이들

2) 소리를 내며 탄성을 지른다

　VR을 착용한 아이들의 눈에 불꽃놀이와 미래 자동차들이 보이자 여기저기서 "와~!" 하는 탄성이 나오기 시작했다. 신기하거나 화려한 장면이 나올 때 아이들은 정신없이 몰입하며 즐기기에 바빴다. 평면형 미디어 세상에 살던 아이들이 VR입체미디어 세상으로 발을 담그는 순간 이처럼 실제감에 의해 탄성을 지르게 되는 것이다. 단 한 명도 장난하지 않고 VR콘텐츠 세상 안에서 하나가 되어 갔다.

▲ 탄성을 내며 즐거워하는 아이들

3) 중얼중얼 혼잣말을 하기 시작한다

시야가 완전히 가려지고 청각에 입체음향 효과가 나오니 VR세상에 완전히 몰입되어 외부의 시선을 전혀 느끼지 못했다. 평소에는 유치원 안에서 소리를 지르거나 격하게 움직이는 것을 못 했지만 VR세상 안에서는 선생님과 친구들이 존재하지 않은 독립 공간이었다. 그렇기 때문에 보이는 모든 것에 반응하고 소리 내고 자유롭게 말문이 트이는 것이다. 소심하던 아이들이 처음에는 중얼중얼하더니 시간이 흐르자 큰 소리를 내며 신나 하고 자기표현을 하기 시작했다. 몰입의 증거였다.

이처럼 세 가지 행동이 드러나며 효과를 보게 되니 아이들은 하나같이 더 보고 싶다며 아우성을 낸다. 시각적 자극을 우려해 하루 10분 이내로 제한하여 어린이 VR교육을 진행하지만 차후 오랜 착용에도 무리가 가지 않는 어린이 전용 VR이 출시된다면 교육 콘텐츠 시장은 매우 크게 발전하리라 확신한다.

VIRTUAL REALITY

03 사교성과 사회성 발달촉진

1) 병행놀이의 발전

사교성과 사회성이 발달하려면 아이가 혼자놀이 단계에 머물러 있으면 안 된다. 적어도 다른 아이들 속에서 병행놀이 또는 협동놀이 등을 하며 차츰 어울리려 노력해야 한다.

집에서는 적어도 부모와 형제들이 같이 잘 놀아 주어야 하고 유치원에 가서는 선생님, 또래 아이들과 친하게 지내며 즐겁게 놀면 되는 것이다. 하지만 실제 현장에서 보았을 때 의외로 사교성과 사회성 발달이 늦은 아이들을 자주 보게 된다. 동적인 성향의 아이보다 정적인 성향의 아이들이 더욱 그럴 수 있고 내성적이거나 겁이 많은 아이들이 대체적으로 그렇다고 할 수 있다. 목소리가 크면 이긴다는 말처럼 행동이 크거나 목소리가 크고 말이 많은 아이일수록 사교성과 사회성이 발달했다. 누군가를 사귀는데 거침없기 때문이다. 내성적인 아이들은 두려움 때문에 다른 아이들과 쉽게 사귀거나 함께하지 못한다. 친한 아이하고 노는 것을 즐기며 하는 것만 하고 가는 곳만 간다.

그런 아이들에게는 처음 접하는 VR교육도 두려움일 수 있다. 호기심보다 공포심이 자리 잡을 수 있다. 어린이 교육적 접근으로 보았을 때 두려움이 많다면 같은 콘텐츠를 TV로 2D 미디어 교육으로 선행하는 것이 좋다. 이런 영상에 이런 콘텐츠를 보게 될 거라는 두려움 해소의 시간을 갖는다면 별다른 부담 없이 VR교육에 임할 수 있다.

▲ 여러 아이들이 <VR안전교육> 체험을 하고 있다.

2) VR 속에서 키우는 사회성

사교성과 사회성의 부족은 내향적 성향과 마음속 두려움에서 시작하기 때문에 이를 극복하게 하기 위해 VR교육이 꼭 필요하다. 콘텐츠의 내용과 구성이 더 중요하겠지만 이에 따른 적절한 학습법을 도입하게 되면 VR세상 안에서 안도감을 갖고 편안한 캐릭터들과 자유롭게 소통하여 가상의 친구들을 늘려 나갈 수 있다. 모르는 존재가 다가오는 콘셉트보다는 친근한 애니메이션 캐릭터로 시작하는 것도 나쁘지 않다. 만화영화를 보듯 가볍고 즐거운 마음으로 가상의 캐릭터들과 소통하는 것을 익힌 후 실사 콘텐츠의 동화 속 주인공들과 함께하다 보면 어느새 말문이 트이고 뉴페이스에 대한 두려움도 많이 사라져 있을 것이다.

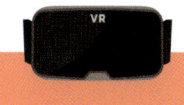

VIRTUAL REALITY

04 언어 표현과 인지능력 발달

1) 전문 성우의 정확한 발음에 의한 언어능력 향상

어린아이들은 언어발달 단계에 있어 크게 '언어준비단계'와 '언어표현단계'를 거친다. 이미 유치원이나 어린이집에 다니는 연령대는 언어표현단계이기 때문에 더욱 많은 소통과 함께 언어 능력을 키워 나가야 할 시기이다. 언어능력은 하워드 가드너 박사의 '다중지능이론'에서 첫 번째로 꼽는 매우 중요한 능력이다. 아이의 지능, 성별, 신체적 요인, 정서, 부모, 친구 등 많은 요인에 의해 언어 발달에 영향을 미치고 있다. 어린이 교육자라면 다 알고 있을 피아제와 비고츠키의 '인지발달이론', 스키너의 '행동주의 이론', 반두라의 '학습이론' 등을 통해 아이들의 언어발달과정을 이해할 수 있으리라 생각된다. 이처럼 언어는 매우 중요하다고 할 수 있는 소통을 위한 기본 수단이기 때문에 가정에서나 교육기관에서도 신경 써 줘야 할 부분이다.

언어는 입력기관인 귀의 청각과 발성기관인 입(구강)의 기능이 매우 중요하다. 청각을 상실하면 대부분 빠른 시일 내에 말도 하지 못하게 된다. 자신의 목소리와 발음을 발성과 동시에 귀로 수음하여 뇌를 통해 조절하기 때문이다. 베테랑 가수가 콘서트장에서 히트곡을 부를 때에 모니터용 스피커가 나오질 않아 자신도 음이탈을 하게 되는 것과 같은 이치이다. 말을 자주 할수록 귀도 발달하고 귀로 많이 들을수록 말도 잘하게 되는 것이다. 영어도 마찬가지로 학교나 학원에서만 배우고 평소에 들리는 것이 한국말이라면 익히기가 매우 어렵다. 외국에 나가 살면서 한 번도 영어를 배우지 않은 사람이 수개월 만에 말문이 트이고 편하게 외국인과 소통하게 되는 것처럼 생활 속 언어 습득이 훨씬 효과적이다.

▲ 전문 방송 성우와 연기자들의 녹음

(자료: 주식회사 한국코넷-유아콘VR)

2) 입체 서라운드 음향효과에 의한 뇌속 에코(반사음) 기억 효과

VR교육을 통하게 되면 우선 부담 없이 콘텐츠 안의 내레이션과 목소리들을 자주 들을 수 있다. 입체 영상과 함께 나오는 입체 서라운드 음향은 보다 쉽게 뇌 속으로 흡수된다. 자주 보고 자주 들으면 더 좋겠으나 단 한 번의 체험인데도 이상하게 머릿속에서

특정 노래나 말이 메아리치는 것을 경험한 분이 있을 것이다. 보는 임팩트가 강하면 듣는 임팩트도 강해지는 원리이다. 놀이동산에서 퍼레이드를 보는데 시각적 자극과 함께 크게 울려 퍼지는 퍼레이드송이 각인되어 오랫동안 메아리치더라는 경험자들이 많다.

사투리를 자주 듣게 되면 자신도 모르게 사투리를 하게 되듯이 어린이들에게는 다른 미디어보다 생생하게 전달되는 입체 음향과 입체 영상으로 보다 정확한 언어 습득이 가능하다. 물론 콘텐츠의 종류에 따라 교육효과는 천차만별이겠으나 필자가 여러 VR콘텐츠 제작업체들을 돌아보니 대부분 전문 성우를 쓰고 명확한 발음과 단어에 신경 써 가며 녹음작업을 하는 것으로 파악됐다. 짧은 VR체험이라 할지라도 평생 기억에 남을 수 있는 것처럼 바른 언어교육 콘텐츠를 접하게 된다면 어린이들의 언어 인지 능력 향상에 큰 효과를 볼 것이다.

예를 들어 동화책을 보거나 TV에서 보는 동화를 봤을 때는 우리는 현실에 있는 상태에서 화면 안에서 나오는 그 부분만 동화로 인지를 했다는 것이다. 하지만 VR은 우리가 HMD를 쓰게 되면 아이들이나 어른들이 눈을 떠서 상하좌우를 봤을 때 실제처럼 느끼게 되는 것이다.

즉 그 동화의 세계 속으로 들어간다는 의미이다. 지금까지는 동화 밖에서 동화를 보았다면 VR 동화는 그 안의 세계 속으로 아이가 들어간다는 장점이 있다.

▲ VR동화 <검지공주와 늑돌이>의 한 장면

그래서 실제 VR을 쓰고 왼쪽을 보게 되면 동물이 있고 오른쪽에는 공주가 있는 실제 잡힐 듯한 거리에 여러 캐릭터들이 바로 눈앞에서 움직이고 펼쳐진다는 엄청난 교육적 효과가 있는 것이다. 그렇게 되면 아이들은 이 놀라운 가상현실에 충격을 받게 되겠지만 그 안에서 아이와 함께 상호작용을 할 수 있는 교육적인 진보를 이룰 수 있게 된다. 기존에 의식적인 교육이라고 했다면 VR교육은 무의식적으로 눈에 보이는 것들, VR기기를 썼을 때 지금까지 내가 가 보지 않았던 곳, 체험할 수 없었던 그런 것들을 VR기기를 통해서 즉시 볼 수 있고 느낄 수 있다는 것이 가장 큰 긍정적인 효과이다. 그래서 어린이 VR교육은 반드시 성장하게 될 것이고 어린이 교육자들이 알아야 하는 미래 트렌드 교육 중의 하나이다.

05 두뇌발달과 아이디어 창출 효과 등

1) 안구운동이 두뇌활동을 촉진시킨다는 연구결과

안구운동을 하면 눈의 시신경이 전두엽을 활성화해 두뇌활동을 촉진시킨다는 연구결과가 있다. 미국 리처드 스톡턴대학 연구팀에 따르면 30초간 안구운동을 한 집단이 그렇지 않은 집단보다 창의적인 아이디어를 훨씬 많이 낸 것으로 나타났다.

VR교육은 다른 여타의 미디어 교육에 비해 훨씬 많은 안구운동과 안면 회전을 하게 된다. 고개를 돌려 이곳저곳을 탐구하기도 하고 안구 회전 운동량도 매우 많다고 할 수 있다.

양쪽의 안구는 6개의 근육으로 이루어져 있고 안구를 이리저리 움직이면서 상직근, 하직근, 내직근, 외직근 등의 활동이 안구는 물론 뇌의 혈류량도 증가시키게 된다. 눈동자가 빨라질수록 신경세포 뉴런에 의한 뇌의 자극이 빨라지는 것과 같은 원리이다.

2) 3D 입체감이 창의력과 상상력을 자극한다

앞서 언급한 바와 같이 VR의 기본은 실제에 가까운 체험인데 사람은 오감을 통해 사물이나 환경을 인지하므로 절대적 감각인 시각과 청각 제어가 필요하다.

VR이 가진 장점이 바로 입체감인데 아이들은 6~12세에 사물을 입체적으로 인지, 사고, 판단하는 공간 사고의 두정엽이 발달하는 시기이다. 두정엽의 발달은 도형, 수학, 물리적 사고를 가능하게 한다. VR은 오감을 통해 사물을 3D형식의 입체감을 나타내므로 두정엽이 발달하는 시기의 아이들에게 공감각적인 발달과 창의력, 상상력의 발달로 인해 두뇌 발달에 매우 효과적이다. 남윤숙(1999)에 따르면 연구자들은 어린이들이 컴퓨터에서 상호작용 할 때 높은 의사전달 수준과 협동을 보이고 프로그래밍은 어린이들이 움직이고 자신의 직관적인 지식을 더 상세한 수학적 개념으로 연관시킬 수 있도록 도와준다고 한다. 또한 창의성과 사고 기술을 높이고 독창적인 그림을 그리고 창의성 검사에서도 높은 점수를 얻었다고 밝히고 있다.

따라서 더 현실감을 높이는 VR은 아이들의 높은 의사전달 수준과 인지발달과 두뇌 발달에 탁월하다고 볼 수 있다. 아이들의 호기심 유발이나 직접 가 보지 못하는 공간을 VR 안에 담아 자신이 그곳에 있는 듯한 현실감을 주므로 배움의 과정을 더욱 신나고 즐겁게 함으로써 학습 몰입도를 높여 주고 집중력을 향상시켜 주는 효과가 있다.

▲ 입체감을 강조한 바다 환경VR HMD콘텐츠

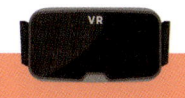

06 연구자료, 자폐아와 ADHD, 공포증 치료로 쓰이는 'VR 정신치료'

VIRTUAL REALITY

1) VR 정신치료 — VR 노출치료 (VRE, VR Exposure Therapy)

미국 국립생물정보센터에 의하면 미국정신의학회에서는 VR이 정신치료 방법의 하나로 탁월하며 특히 노출기법 활용 시 효과적이라는 연구 보고를 밝힌 바 있다. 정신질환 치료의 사전 예방이나 치료에 있어서 현실적으로 어려운 문제점을 해결할 수 있게 된 것이다.

노출치료(Exposure Therapy)란 인지행동치료법 중 하나로 정신치료 중 가장 많이 사용되는 기법이며 VR기술과 접목해 상상적 접근이 어려운 환자들에게 치료 효과를 높이는 치료 방법이다. 즉 VR 접근법의 노출치료는 약물에만 의존하거나 치료를 포기했던 환자들에게도 치료 효과를 높이며 또한 VR치료는 약물치료를 병행할 때 더욱 효과적이고, 약물 의존도를 낮추는 데도 효과적인 것으로 본다.

미국 과학기술 잡지인 《사이언스 데일리》에 따르면 VR 가상현실 치료는 자폐증 어린이들의 공포증 치료에 지속적인 효과를 보여 준다는 연구결과를 확인할 수 있었다. 가상현실은 자폐증 어린이들에게 도움을 주는 것으로 나타났고 거의 45%는 치료 후 6개월 동안 두려움과 공포에서 벗어났다.

이처럼 자폐증 아이들이나 주의집중장애(ADD/ADHD) 아이들에게 탁월한 효과를 준다는 연구결과로 인해 집중력을 높이고 정신과의 불안치료 및 공포증 등 인지행동치료에 VR치료가 적극적으로 활용되고 있으므로 지속적인 학술적 연구를 통해 보다 적극적인 치료적 활용이 기대되는 바이다.

【심리치료에 활용되는 VR】

기업 구분	주요 내용
Psious	- VR플랫폼으로 정신적 충만감과 이완연습, 불안·두려움·공포 장애 치료를 위한 50가지 자료(VR, AR, 360도 비디오)로 구성되는 시나리오 제공 - 애니메이션과 실사환경 등 시나리오를 임상적 상황에 맞게 컨트롤 패널 통제 가능 - 스마트폰, VR고글, 바이오피드백 센서로 온라인 플랫폼과 연계되며 실시간 상황 파악 가능 - 환자 모니터링: 바이오피드백 센서와 고통의 주관적 강도를 그래프화 자동 보고
Virtually Better	- 노출기법 기반 VR치료 - 불안장애, 특수 공포장애 혹은 PTSD 치료 - VR치료 트레이닝 워크숍 서비스 제공 - 공포치료, 중독치료 등 1세션당 40달러
Brave Minde	- 노출기법 기반 VR치료로 PTSD의 진단 및 치료 전문 - 치료사의 통제하에 상상 속 트라우마의 단계적, 반복적 '완화' → 습관/소멸과정 → 트라우마와 연관된 감정제거 학습 수행 - University of Southern California institute for Creative Technologies MedVR 프로젝트로 착수, 전투관련 PTSD 치료를 위한 연장된 노출기법 분야의 전문가들에게 본 서비스 무료로 제공

PART 04

어린이용 VR 하드웨어와 콘텐츠 선별 요건

1. 하드웨어 선별 방법   126
2. 콘텐츠 선별 방법   134

성인용 VR 하드웨어와 어린이용 VR 하드웨어는 아직 따로 구분된 것은 없다. 범용으로 만들어졌다. 그 이유는 사람마다 어른도 두상의 크기가 다르고 아이도 두상의 크기가 천차만별이기 때문이다. 아이들이 쓸 수 있을 만한 하드웨어가 있기도 하고 그 안에 시력보호 모드, 눈의 피치 조절 기능 등이 있으며 어린이용 VR콘텐츠도 나오는 추세이므로 하드웨어와 콘텐츠를 선별하는 능력을 갖추면 좋을 것이다.

한 번의 경험이 아닌 정기적 VR수업의 도입을 계획 중이라면 반드시 하드웨어와 콘텐츠의 선별능력을 갖추어야만 한다. 항목 하나하나가 매우 중요한 요건이니 꼭 기억하고 선택을 신중히 하자.

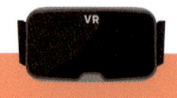

VIRTUAL REALITY

01 하드웨어 선별 방법

하드웨어는 VR기기 자체를 말한다. 기계적인 특성과 장단점을 알지 못하면 어린이들에게 해가 되는지 득이 되는지 기준조차 잡을 수 없을 것이다. 미리 설명하자면 모든 VR이 아이들에게 맞는 것이 아니라 일부 특정 제품들이 적당하다고 할 수 있다. 연령대, 콘텐츠의 종류, 교육 인원, 교육 시간, 장소 등에 따라 VR기기 선별에 신경 써야만 한다.

어린이용 VR을 선별하기 전에 범용으로는 어떻게 나누어져 있는지 살펴보도록 하자. 전 세계적으로 유명한 제품은 메타(오큘러스), HTC 바이브, 피코 등이 있다. 제품군마다 VR기기의 특성은 다르게 구성되며 해당 내용은 아래와 같다. 물론 한 회사에서 여러 형태의 기기를 출시하기도 한다.

【VR의 특징에 따른 구분】

VR 특성 구분	구분의 특징
PC 기반의 VR	- 컴퓨터와 유선 연결로 보는 게임 위주 - 고성능 제품군, 하드웨어가 매우 비쌈 - 마니아 기기 - 컴퓨터 업그레이드 등 비용적인 부분에서 무리가 있음
스탠드 얼론	- 무선 단독기기 - 2019년 5G 개통에 따라 제품 출시 - 대중화의 기반이 되는 제품군
모바일 기반 카드보드형	- 보조제, 핸드폰을 VR기기에 삽입하여 사용함 - 핸드폰 겸용이기에 이동성이 뛰어남 - 핸드폰 해상도와 성능을 그대로 사용함

가격으로 보면 PC 기반의 기기들이 가장 비싸고 대부분 유선으로 되어 있기 때문에 성능은 좋지만 불편한 부분이 있다. 모바일 기반은 핸드폰을 기반으로 하여 가성비가 좋긴 하지만 핸드폰을 끼워야 사용 가능하다는 점 등 여러 가지 장단점이 있을 수 있다.

스탠드 얼론 제품은 핸드폰을 끼우지도 않고 컴퓨터에도 연결하지 않는 단독기기이다. 그래서 실제 2019년 이후로는 스탠드 얼론 제품들로 인해서 VR의 엄청난 혁명을 가지고 왔고 2024년 이후는 완전한 대세를 이루고 있다. 가성비와 여러 부분을 볼 때 어린이 VR을 고민 중이라면 스탠드 얼론 제품을 사용하시는 것을 권장한다.

1) 무게

VR에서 첫 번째로 신경 써야 할 것은 '무게'이다. 왜냐하면 거의 기능적으로 눈앞에 장치들이 모여 있으므로 무게가 많이 나가게 되면 우리의 신체에서 가장 약한 경추(목뼈)에 무리가 가기 때문이다. 1~2분 정도 잠깐 동안 체험하는 경우에는 크게 상관이 없다. 하지만 체험의 시간이 늘어날수록 안면과 목에 무게가 가중되면 VR이 주는 이득보다 불편함으로 인한 이질감을 느끼기 쉽다. VR에 대한 거부감이 있는 사람들은 대부분 무게와 어지럼증으로 인한 기피 현상을 보였다. 어린아이들은 해부학적으로 머리가 크고 몸이 작으며 목 부위가 가늘기 때문에 반드시 가장 가벼운 VR 제품을 선택해야만 한다. 작은 무게의 차이도 시간이 지남에 따라 무리를 줄 수 있다.

2) 무게 배분 디자인

앞서 이야기한 경량화와 함께 '무게 배분 디자인'은 매우 중요하다. 대부분 VR기기는 머리에 착용할 때 눈의 앞부분에 모니터인 LCD, CPU(컴퓨터 중앙 처리 장치), RAM(무작위 액세스 메모리, 기억장치) 등 많은 반도체와 기계 장치들이 모여 있고 제일 뒷부분 후두부 쪽에는 거의 압박 밴드로 되어 있다. 이런 획일적 구조의 디자인들은 사실상 아이들이나 어른에게도 좋지 않다. 왜냐하면 무게 배분이 앞쪽으로 치우칠 때 VR 착용 시간에 따라서 경추에 무리가 갈 수 있기 때문이다. 다행히 이에 대해 인체공학적 디자인으로 앞과 뒷부분의 무게를 잘 배분한 VR들이 나오고 있다. 특히 중국 피코(PICO)사 제품군의 디자인은 눈앞에 있는 전면부와 머리 뒤의 후면부가 무게 배분이 잘되어 있고 특히 뒷부분 같은 경우에는 배터리 팩으로 되어 있기 때문에 무게감을 별로 느끼지 못한다. 하드웨어를 선택해야 한다면 반드시 무게 배분이 잘된 '헬멧형' 제품을 눈여겨보시길 바란다. 눈에 VR을 압착하는 것이 아니라 모자처럼 쓰는 것이어야 한다.

과거 한국의 전통시장에 가 보면 연세 많은 할머니들께서 무거운 짐을 옮기실 때 머리에 얹고 다니셨다. 두 팔로 물건을 들려면 팔의 근력뿐 아니라 척추기립근과 복근의 힘이 충분해야 하는데 어르신들은 근력 약화로 무리가 따르셨다. 그래서 무거운 짐을 머리 위에 얹으셨는데 이는 몸의 중심이 되는 머리 정수리 부위에 중심을 잡아 무게가 아래로만 쏠리게 한 것이다. 이는 척추가 위에서 아래로 눌리는 힘에 가장 저항력이 있다는 것에 기인한 것이다.

건축할 때 콘크리트와 철근을 사용하는 데 좌우로 움직이는 것은 철근이 잡아 주고 위에서 아래로 누르는 것은 콘크리트가 잡아 주는 것과 같은 원리이다.

어린아이들도 마찬가지로 되도록 가벼운 제품, 앞뒤 무게 배분이 되어 있는 제품을 선별해서 사용한다면 큰 무리 없이 훌륭한 VR교육을 경험할 수 있을 것이다.

참고로 VR기기를 사용한 후 눈 주변에 '너구리 마크(VR 눌린 자국)'가 생겼다면 이는 무게분배에 실패한 제품이다. 무게가 앞으로 쏠린 만큼 밴드를 세게 당겨서 압착시켜야 하기 때문이다. 이는 안면신경계와 혈관, 피부 건강에도 좋지 않다.

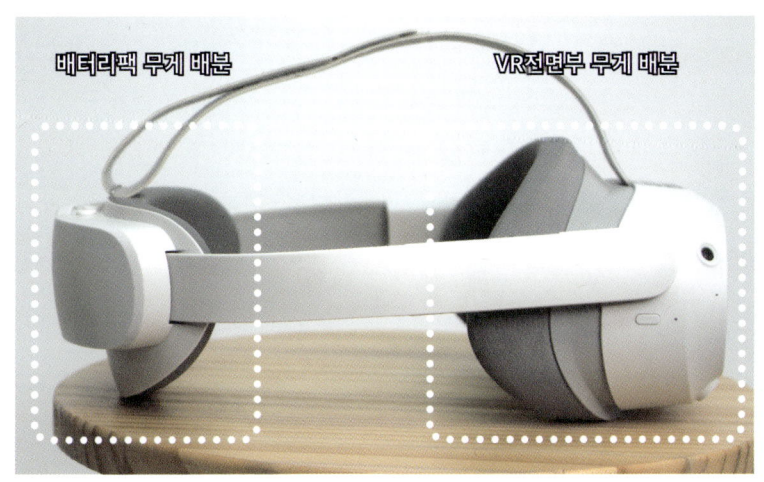

▲ 어린이 VR의 앞뒤 무게 배분 중요성

대부분의 VR은 전면에 LCD와 모든 장치들이 모여 있어 무게 배분이 전면에 무리하게 몰려 있다. 이는 장시간 VR 사용 시 경추디스크나 거북목의 원인이 될 수 있어 주의를 요구한다.

3) 내장, 외장 메모리 탑재

VR용 콘텐츠는 일반 영상이나 프로그램보다 용량이 매우 큰데 이는 훨씬 넓은 FOV 180~360도의 입체 정보를 담고 있기 때문이다. 용량이 많은 VR콘텐츠를 내장 메모리에만 의지하게 되면 아마도 몇 개 넣지 못하고 다시 지우며 관리해야 하는 번거로움이 생길 수 있다.

스탠드 얼론 제품 중에도 초창기 제품들은 많지 않은 메모리가 탑재되어 있었다. 그래서 메모리를 추가로 끼울 수 있는 확장 가능형인지 확인해 보는 것이 좋다. 내장 메모리도 넉넉한 것을 선택하고 외장 메모리도 탑재 가능한 제품들을 구하는 것이 현명하다.

스마트폰도 초기 모델은 용량이 적었으나 고화질 콘텐츠 소비의 시대에 들어서면서 기본 64~128GB 내외까지도 선호하게 되었다. VR은 점차 이보다 더 큰 용량의 메모리를 필요로 하게 될 것이다.

통상적으로 일반 VR콘텐츠몰에서 다운받는 분들이라면 64~128GB면 무난하다. 하지만 LMS시스템을 기반으로 단체교육을 해야 하거나 미리 콘텐츠 카테고리가 나누어져 세팅이 되는 교육 전용이라면 128~256GB를 권장한다.

외장 메모리 슬롯이 있을 경우엔 반드시 호환되는 메모리 유형과 메모리 속도를 점검하는 것이 좋다. 연산처리장치만 속도가 있는 것이 아니라 메모리에도 속도가 있다. 각 반도체마다 속도가 맞지 않으면 데이터 병목현상이 발생할 수도 있으니 가능하다면 빠른 전송속도가 표기된 메모리를 사용하도록 하자.

4) 스트리밍 집단교육 가능 여부

2019년 이후로 5G가 시작되면서 무선기술이 매우 중요하게 되었다. 무선이 빨라진다는 의미는 그만큼 고용량, 고화질의 데이터를 좀 더 빠르게 보낼 수 있다는 의미이기도 하다. 어린이 VR에서는 기존 VR의 개인적 활용도 생각해야 하지만 현실적으로 보았을 때 많은 아이가 동시에 영화 보듯 VR을 착용하고 집단, 집체 교육을 하는 일도 있으므로 이것이 가능한지 아닌지를 확인하는 것이 좋다. 적어도 20~30명에서 50~100명까지도 동시에 VR을 착용하고 같은 영상을 볼 수 있는지 기능적인 여부를 확인하는 것은 매우 중요하다. 대부분 VR 자체에서 미러링이나 스트리밍이 되는 것보다 외부 관련 기기를 별도로 구매하여 사용한다. 이때에도 전송 속도, 전송 화질, 전송 거리를 반드시 확인해야만 한다.

▲ 초등학교 AI VR 집체 교육

5) 화면 해상도

화면 해상도는 4096×2048 내외의 4K가 대세로 자리를 잡았는데 6K나 8K까지 올라간 제품도 이미 시중에 나와 있으며 스탠드 얼론 제품군이 주를 이루고 있는 현시점에서 봤을 때 모바일 CPU의 속도와 메모리양 그리고 하드웨어가 받쳐 줘야 하므로 우선적으로 4K 또는 6K가 많이 활용될 것으로 보인다.

4K, 6K란 화면의 해상도라고 할 수 있는데 해상도가 높을수록 화면은 선명해지고 어지럼증도 많이 개선된다. 해상도가 떨어지면 '모기장 현상'이라고 하는 미세한 픽셀

들이 보여 집중에 방해가 되기도 한다.

　VR 게임이 아닌 영상만 볼 것이라면 4K도 충분하다고 할 수 있지만 사실상 6K가 훨씬 더 화면이 깨끗한 것이 사실이다. 같은 4K와 6K라 해도 CPU나 그래픽 칩이 빠르다면 VR용 게임도 선택의 폭이 넓어진다고 볼 수 있다. 따라서 화면 해상도는 적어도 4K 이상을 확인하고 구매하는 것이 좋다.

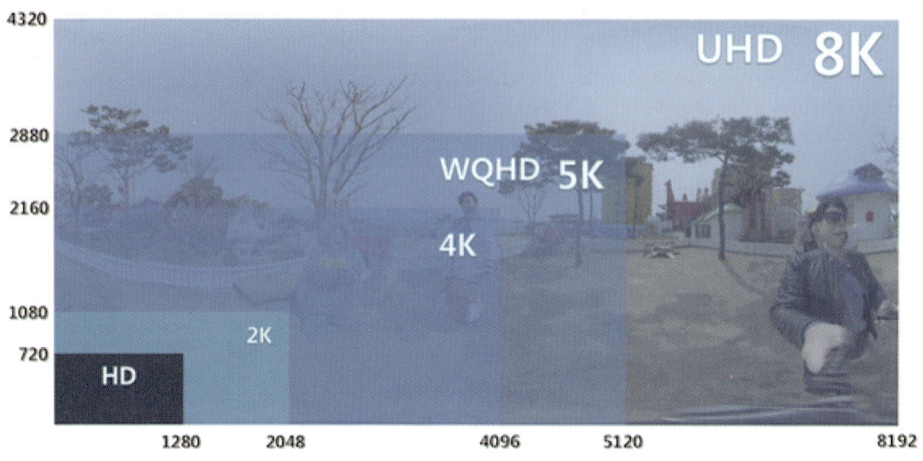

▲ 영상 기반 VR 해상도의 비교

6) 리플레시레이트와 회전지연, 트래킹

　모니터가 영상을 만들어 낼 때 초당 수십 번 깜빡임으로써 영상을 구현해 내는데 이 정도를 리플레시레이트(Reflash Rate) 또는 수직 주파수라고 한다. 즉 화면을 얼마만큼 빠른 속도로 LCD에 뿌려 주는가를 말하는 것이다. 예를 들어 리플레시레이트가 120㎐라고 하면 초당 120번의 화면을 만든다고 할 수 있다. 리플레시레이트는 높을수록 좋다.

회전지연(latency)은 일반적으로 대기시간(Waiting Time)을 말한다. 기억장치의 물리 어드레스로부터 데이터를 추출하기 위한 필요 시간이 있는데 이를 전송하기 전까지의 시간 개념이라고 보면 된다. 회전지연 18㎳라 하면 움직일 때 화면이 지연되는 시간이 1,000분의 18초(18/1,000)가 되는 것이다. 따라서 회전지연 속도는 낮을수록 좋다.

트래킹(tracking)은 사용자의 움직임이 있을 때 화면이 동일하게 따라가게 하는 것을 말한다. 안구의 움직임을 감지하여 따라가는 것을 '아이트래킹'이라고 하고 머리의 움직임을 따라가는 것을 '헤드트래킹', 신체의 움직임에 대한 반응은 '모션트래킹'이라고 한다. 사람은 VR을 착용 후 자연스럽게 이리저리 머리를 움직이며 시각적 자유를 가질 때 현실감을 맛보게 된다.

VR착용을 한 아이는 머리가 움직일 때 보이는 화면의 재생 지연속도가 길면 길수록 이질감을 느끼게 되고 그것이 어지럼증과 연관될 수 있다. 아주 쉽게 풀이하자면 기계적 화면 표시 상태와 사람의 움직이는 것이 거의 일치해야 한다는 것이다. 그런 이유로 리플레시레이트와 회전지연, 트래킹 반응이 빠른 하드웨어를 사용해야 한다. 성인들도 좋은 제품을 써야겠지만 특히 어린이 같은 경우에는 VR에서 하드웨어가 매우 중요한 요소이므로 이 부분을 반드시 체크하도록 하자. 대부분의 사람들은 VR을 처음 사용했을 때의 느낌으로 호불호가 극명하게 나뉜다.

VIRTUAL REALITY

02 콘텐츠 선별 방법

　VR교육에서 가장 중요한 것이 콘텐츠이다. 많은 통신 관련 대기업들이 VR콘텐츠 확보에 열을 올리고 있고 그 개수가 수천 개에 달한다고 홍보하지만, 사실상은 모두 VR콘텐츠라 할 수 없다. 기존에 있던 2D 영상을 입체 영화관 같은 곳에서 보는 정도의 수준조차 VR콘텐츠 목록에 넣으니 말이다. VR콘텐츠는 적어도 180도에서 360도의 시야각을 갖는 VR 전용 카메라로 촬영된 영상물이나 그래픽 콘텐츠여야 한다. 유튜브에 들어가서 2D 콘텐츠들을 볼 때 어마어마한 양과 다양성에 놀랄 것이다. 또한, 킬러 콘텐츠가 매우 많다. 시선을 끌고 흥미로운 내용으로 제작된 영상물이 쏟아지는 시대에 VR콘텐츠들은 아직 초라한 시발점에 서 있다고 해도 과언이 아니다. 더구나 성인물 또는 게임에 치우쳐져 있는 기형적 VR콘텐츠 시장에서 교육적, 인성적인 가치를 가질 수 있다는 작은 희망이 반드시 뿌리내려야만 한다.

　다음의 내용은 어린이 VR콘텐츠의 선별에 매우 중요한 사항들이다. 어른들의 상업적 수단에 의해 좌지우지되지 말고 반드시 교육자적 입장에서 아이들의 눈높이를 고려한 인성적, 교육적 콘텐츠를 선별하여야 함을 잊지 않아야 한다.

1) 콘텐츠 제작진의 어린이 교육에 대한 이해도

어린이 VR을 선별할 때 가장 중요한 것이 제작진이다. 누가 무슨 생각으로 만들었느냐에 따라 교육적 가치와 방향성이 다르게 나타나기 때문이다. 적어도 어린이 VR교육을 도입할 의지가 있다면 제작진이나 자문단을 반드시 점검하도록 하자. 어린이 교육과 교수, 원장, 교사, 학부모, 의사, 건강전문가 등 어린이 관련 자문위원에 의해 기획 단계부터 피드백을 받아 콘텐츠 제작에 들어가야 한다.

제작진도 어린이 교육을 전공했거나 어린이 관련된 일을 오랫동안 해 오던 전문가들로 구성되면 좋다. VR의 특성상 기계는 기계공학 전문가가 제작하여 어린이에 대한 지식이 전혀 없는 경우가 많다. 영상촬영 감독들은 영화, 드라마, 사진 촬영 등 성인 대상의 2D를 만들어 왔다면 VR의 이해나 어린이에 대한 이해가 부족할 수도 있다. 사업만 해 오던 사람들은 돈벌이에 급급하여 재미 위주의 게임 등에 전념하여 VR조차 게임화하려는 경향이 크다. 만들어진 콘텐츠를 실제 아이들이 보았을 때 어른의 눈높이에서는 재미있을 수 있으나 아이들은 무서워할 수도 있고 정신적 충격을 받을 수도 있다. 어린이 교육용 VR은 어린이 교육자들이 만드는 것이 정답이다.

▲ 어린이 AI VR콘텐츠 개발자는 현장 경험이 풍부해야 한다.

어린이 VR은 흥미 유발과 새로운 시야를 통해 인성교육, 기본생활습관, 안전교육 등 실질적 어린이 교육에 바탕을 두어야 한다. 누리과정에 맞추어 기획된 콘텐츠도 좋고 이벤트적인 재미를 줄 수 있는 콘텐츠도 좋지만 가능한 한 어린이 교육이라는 거대한 틀 안에서 기획되고 제작되어야 함을 잊지 말아야 한다.

2) 대상 연령대의 심리성향 고려

어린이 콘텐츠에서 중요한 건 눈높이가 적절하냐는 것이다. 어린이 콘텐츠라고 제작되었는데 실제로는 초등 고학년에 맞추어져 있는 경우도 다반사이다. 어린이의 1년은 성인의 10년과 같은 폭발적 발육 발달의 시기이기 때문에 보다 면밀한 관찰과 접근이 필요하다. 6세(만 4세)와 7세(만 5세)를 대상으로 하는 유아 VR은 6세의 상반기와 하반기, 7세의 상반기와 하반의 차이까지 있을 정도로 급격한 성장 시기이다. 또한, 동적인 아이와 정적인 아이 성향이 뚜렷하기 때문에 VR교육에서도 콘텐츠의 호불호가 갈릴 가능성이 크다고 하겠다. 영어, 미술, 과학, 체육 등 다양한 수업을 받는 어린이들은 자기 성향에 따라 좋아하는 과목과 싫어하는 과목이 명확한 편이다.

공통적으로는 재미있고 흥미로운 것에 집중을 잘한다는 것인데 VR콘텐츠도 이에 발맞춰 보다 흥미롭고 즐겁게 VR교육을 받을 수 있도록 하는 구성이 필요하다.

모든 아이의 성향대로 콘텐츠를 맞춤형 제공하는 것은 불가능하다. 다만 대부분 아이들이 보고 듣고 즐기면서 유익함을 추구한다면 현재의 VR교육 콘텐츠로서 부족함이 없을 것으로 생각된다.

어린이 교육 현장에서 어린이 체육을 수업하다 보면 아무리 재미있는 놀이체육을 한다고 해도 참여하지 않고 동떨어져서 홀로 있는 아이들을 찾아볼 수 있다. 억지로 참여시키기보다는 아이의 성향이라는 것을 이해해야 한다. VR도 마찬가지로 하려는 아이와 하지 않으려는 아이로 나뉠 때 VR 지도교사의 능력에 따라 참여도와 흥미도를 끌어올릴 수 있을 것이다.

3) 두려움(공포, 어두움)의 요소 배제

어릴 때 깜짝 놀라게 하면서 아이가 놀라는 반응을 보고 재미있어하는 어른들이 있다. 하지만 성장기에 깜짝 놀라는 것을 여러 번 반복하게 되면 아이들이 부정맥이라든가 여러 가지 심장에 안 좋은 트라우마가 생길 소지가 있다. 특히나 어릴 때 부모가 싸우면서 아빠나 엄마가 소리를 갑자기 크게 지른다든가 했을 때 아이들은 내향적인 아이가 되기도 하고 자존감이 낮거나 두려움에 민감한 아이가 될 수도 있다. 따라서 어릴 때는 깜짝 놀랄 만한 것들을 보여 주지 않는 것이 좋다.

▲ AI VR은 현실감이 극대화되어 공포물은 매우 위험하다.

어린이용 VR콘텐츠는 어른들과 다르게 무서운 것이 있으면 안 된다. VR을 착용해 보니 낭떠러지 절벽에 있다든가 너무 높은 곳을 날아간다든가 하는 등 배경이나 시점에서 위험을 인지할 수 있을 때 두려움을 가질 수 있다. 무서운 괴물이나 귀신이 갑자기 쫓아온다거나 커다란 동물이 너무 빠르게 다가오는 것 등도 민감한 아이들이 겁에

질리게 할 수 있다. 배경의 밝기도 중요하다. 어두움은 어린이든 성인이든 시야가 확보되지 않기 때문에 두려움을 갖게 한다. 가능하면 밝은 곳에서 찍은 양성적 콘텐츠를 선호하도록 하자. 또 VR을 착용한 아이의 옆이나 앞에서 슬며시 무언가 다가오는 콘텐츠들은 실제 아이들이 매우 놀라서 우는 경우가 많이 있다. 절대로 깜짝 놀랄 만한 콘텐츠는 주의하여 아이들에게 보여 주지 않는 것이 좋다.

4) 어지럼증의 요소 배제

움직임이 있는 콘텐츠를 VR로 보았을 때 노약자나 예민한 성인 또는 어린아이들은 모두 어지럼증을 동반한다. 어린이 VR에서 어지럼증 항목에 더 신경 써야 하는 이유는 여러 명의 아이가 동시에 교육받는 와중에 어떤 한두 아이가 어지럼증으로 인해서 구토하게 되면 그 수업이 다 정체되기 때문이다. 어지럼증을 느낀 아이는 다시는 VR을 쓰려고 하지 않을 수도 있다. 'VR은 어지러워서 사용하기 싫다'라는 공식이 되면 안 된다. 어지러운 VR기기가 있고 어지러운 콘텐츠가 있는 것이지 모든 VR기기와 모든 콘텐츠가 어지러운 것이 아니다. 어지럼증 없는 콘텐츠를 사용하기 위해서는 본 책에 있는 어지럼증 관련 증상의 여러 원인을 살펴보고 콘텐츠 선정 시 하나하나 점검해 가며 보다 안정적인 것을 도입해야만 한다.

5) 색채와 밝기 등 시각적 자극 고려

어린아이들은 색깔 공부를 하고 시각적 적응을 거치기 때문에 눈에 민감하다. 색에는 원색 계열도 있고 파스텔 계열도 있는 것처럼 가능한 한 다양한 색상들이 눈앞에 펼쳐진다면 더 흥미롭게 VR교육에 임할 수 있을 것이다. 다만, 너무 밝은 태양빛이 표현된다거나 콘텐츠 자체의 화질이 떨어져서 4K 이하(권장은 8K 이상의 콘텐츠)일 경우 픽

셀이 보이거나 안개처럼 뿌옇게 보임으로 인해 시력에 좋지 않은 영향을 줄 수도 있다.

물론 이러한 시력 문제해결을 위해 안구 피치 조절 기능, 시력 보호 모드 등이 탑재된 VR들도 많다. VR하드웨어에 대해서는 어린이 교사나 VR강사가 반드시 알아야 한다. 그래서 안경을 쓴 아이이거나 빛에 약한 아이들이 있는지 미리 체크를 하고 해당 아이들은 시력 보호 모드를 켠 후에 사용하도록 한다. 대부분의 VR기기는 안경을 쓴 채 착용할 수 있는 구조이므로 시력이 안 좋아도 불편 없이 볼 수 있다. 난시와 사시 또는 시력저하에 관한 연구 자료들로 인해 안정성을 확보한 시점이니 교사나 부모의 입장에서 굳이 과한 걱정을 하지 않아도 될 것이다.

6) 교육적 목표와 기대효과의 명확성

어린이 교육의 모든 과목은 교육의 계획안에 맞추어져 있다. 이것은 아이들에게 VR교육을 했을 때 명확한 목표와 효과가 있어야 한다는 것을 의미한다. 비전문가들이 돈벌이에 눈이 어두워 질 낮은 어린이 교육 콘텐츠를 무책임하게 공급한다면 그에 따른 문제는 고스란히 아이들이 떠안아야 한다. 콘텐츠 제작 시 기획 단계부터 어떤 목적과 목표로 시작하는지가 분명해야 하며 제작 후 보급 단계에서도 이 부분을 설명할 수 있어야 한다.

어린이 VR교육은 ① VR기기의 착용과 활용, ② 모노스코픽과 스테레오스코픽 등 다양한 VR포맷 경험과 차이 인지, ③ 콘텐츠 내의 교육적 목표 도달. 이렇게 크게 3가지로 구분할 수 있다.
요즘 아이들이 엄마의 스마트폰을 엄마보다 더 잘 다루듯이 VR 세대인 만큼 VR기기가 이질감 없도록 능숙하게 다룰 수 있어야 한다. 또한 180도 S3D, 360도 S3D, 360도 MONO 등 다양한 형식의 VR기기를 접해 보고 그에 따른 경험 인지를 할 수 있도록 하는 것도 중요하다. 더욱 신경 써야 할 것은 콘텐츠 자체의 교육적 효과이다. 이제 VR기기를 다루는 것이나 포맷에 적응이 되면 한두 번 체험하는 것을 떠나 학습하고 활용하는 단계로 넘어가야 한다. 수동적으로 보여 주는 것만 보고 끝나는 시간이 아니라 아이들이 무엇을 느끼고 습득하는지 가늠할 수 있어야 한다는 이야기다. 도입하려는 콘텐츠의 설명에 반드시 교육 목표와 기대효과가 있는지 살펴보도록 하자.

7) 재미, 흥미, 유익성에 대한 검증

지식을 전달하고 이를 암기하는 주입식 교육의 시대는 오래전에 지났다. 재미있게 수업하는 선생님이 인기가 있고 그 내용도 더 잘 기억된다. VR도 교육적인 면을 중시하기는 하겠지만 흥미와 재미가 있지 않으면 싫어하는 게 아이들의 심리이다. 어린이 교육에 있어서 바람과 동기부여는 매우 중요하다. 싫은 걸 억지로 하게 했을 때 그 효과를 기대하기 어렵기 때문이다.

새로운 교육 콘텐츠가 있다면 먼저 대상 아이들에게 시범수업 겸 체험을 하도록 하자. 다수의 아이에게 즐겁고 흥미로운 긍정적 반응이 나왔다면 적어도 수업 진행에는 문제가 없다는 뜻이다. 이후에 지속적인 흥미 유발이 가능한지, 교육적 기대효과는 충분한지를 살펴보고 시행하도록 하자.

8) 연계 수업에 대한 용이성

유아교육에는 '누리과정'이라는 굵은 맥이 존재한다. 교육부의 지침이기 때문에 그 틀에 맞추어 매일의 수업이 진행된다. VR교육도 누리과정이나 초등교육의 한 영역에 포함하여 교육되는 것이 좋다. 한두 번의 체험 활동으로 끝내는 VR교육이라면 굳이 상관없을 수도 있겠으나 주기적 교육을 한다고 보았을 때는 어떤 영역이든 방향을 잡는 것이 좋다.

콘텐츠의 선정은 아이들의 교육과정과 얼마나 연계성이 좋은지로 판단하면 쉬울 것 같다. 요즘엔 무작위로 짜깁기되어 있는 콘텐츠들이 난무한다. 어린이 교육에서 꽤 유명한 모 기관도 VR콘텐츠 교육사업을 준비 중인데 여러 업체에서 만들어진 무작위 콘텐츠들을 모아 사업 진행을 했다고 한다. 짜깁기 콘텐츠보단 오랜 기간의 기획과 연구, 제작을 하여 보다 나은 어린이 교육적인 VR콘텐츠를 보급하였으면 하는 바람이다.

9) 그래픽과 실사 콘텐츠의 구분 활용

컴퓨터그래픽을 활용하게 되면 애니메이션 영화를 만들 수 있기도 하고 상호작용이 강한 게임을 만들 수도 있다. 어린이용 VR콘텐츠에 있어서 대부분 컴퓨터그래픽을 사용하는 경향이 많은데 이는 장소, 날씨, 등장인물 등에 영향을 받지 않는 편의성 때문이기도 하다.

컴퓨터그래픽 VR콘텐츠의 장점은 적정한 수치제어에 의한 폴리곤 수를 조절하여 피사체의 거리에 관계없이 화질이 저하되지 않는다는 것이다. 실사의 경우 광각카메라를 사용하여 촬영하다 보니 피사체가 조금만 멀리 떨어져도 급격한 화질 저하를 겪게 되는 어려움이 있다.

실사는 실제 사진이나 영화를 촬영하듯이 VR 전용 광각카메라로 콘텐츠를 제작하는 것을 말한다. 이 세상 모든 자연 실사는 컴퓨터그래픽이 아무리 발달해도 그 정교함을 따라갈 수가 없다. 보다 현실에 가까운 그래픽을 만들거나 체험하기 위해서는 고성능 컴퓨터가 필요하다.

어린이 VR전문기업(주식회사 한국코넷)에서는 그래픽 기반 VR콘텐츠를 만들 때 보다 현실감을 주기 위해 유니티가 아닌 언리얼을 사용한다. 할리우드 블록버스터 영화의 특수효과에 쓰이는 그래픽엔진이다. 어른들은 뭐든 장난감이나 만화처럼 단순화된 것만 아이들의 눈높이에 맞다고 생각하지만 실상 꼭 그렇지만은 않다. 워낙 자주 접하는 로우폴리곤이 오히려 VR에서는 식상할 수 있으니 보다 현실 같은 언리얼을 사용하는 것이 답일 수도 있을 것이다.

실사 콘텐츠는 다양한 양식에 모노와 3D로 나누어져 있지만, 컴퓨터그래픽 콘텐츠나 VR 게임 등의 경우는 3D만을 지향하는 경우가 많다.

실사 콘텐츠를 쓰느냐 아니면 컴퓨터그래픽 콘텐츠를 쓰느냐의 기로에 서 있다면 각기 장단점을 살펴보고 원하는 방향으로 선택하면 될 듯하다. 굳이 조언하자면, 가상현실의 뜻에 맞게 가상의 현실감을 주기 위해서는 가짜 현실(그래픽 기반)이 아닌 진짜 현실(영상촬영 기반)이 우선이다. 그래픽으로 만든 우주와 실제 우주선에서 촬영한 우주의 경이로움은 분명 차이가 있다. 가상현실은 실제 현실을 가상으로 만들어야 본질에 맞는 '가상현실'인 것이다.

▲ 그래픽 기반 VR과 영상 기반 VR의 차이

10) 인터랙션(상호작용)의 활용 여부

컴퓨터그래픽이건 실사 VR이건 VR기기를 착용하여 체험하는 건 같다. 하지만 활용에 있어서 그냥 시청각 관람을 하는 수준인지 아니면 실제 어떠한 조작을 해야 하는지에 따라 구분할 수 있다.

　실사 촬영 또는 컴퓨터그래픽 둘 다 상호작용(interaction)이 가능하다.

　'유니티(UNITY)'와 '언리얼엔진'을 많이 사용하는 추세이며, 이를 통해 VR콘텐츠의 게임요소와 상호작용을 할 수 있다.

▲ 블록을 만지며 놀 수 있는 인터랙션 VR 콘텐츠

　청소년이나 성인이 사용하는 콘텐츠는 상호작용의 요소가 매우 중요하지만, 어린이의 경우 한 명 한 명이 VR기기를 다루기 어렵고 단체 교육이 주를 이룰 것이기 때문에 게임식의 콘텐츠가 아닌 영화관람식의 VR콘텐츠 시청이 적합하다고 할 수 있다.

　VR은 원래 개개인이 조작하고 선택하며 활용하는 개인용 기기로 개발되었다. 이를 단체 교육 목적으로 사용하거나 영화관에서의 VR무비 시청용으로 사용하려 한다면 수십, 수백 대의 VR을 동시에 제어할 수 있는 장치가 필요하다. 이를 통해 동시에 같은 영상을 보고 체험해야 단체 교육이 더욱 순조롭게 진행될 것이다. 이러한 단체 중앙제어시스템을 LMS라고 한다. 피코사의 VR 중에 기업용 엔터프라이즈모델은 이 LMS시스템을 사용할 수 있으니 참조한다(일반 소비자 제품은 불가능하다).

기기를 직접 조작해야 하는 상호작용 요소는 어린이 VR에서 충분히 가감하도록 연구하는 것이 좋다.

【어린이 VR 하드웨어 및 콘텐츠 선별 기준 점검표】

번호	항목	예	아니요
1	HMD의 무게가 머리의 앞뒤로 배분이 된 가장 가벼운 제품인가?		
2	신속한 탈착이 가능하고 불편하지 않은 HMD인가?		
3	무선 스탠드 얼론형 고화질(최소 3K 이상) HMD를 사용하는가?		
4	시력 보호 모드, 안구 피치 조절 기능이 있는 HMD인가?		
5	어지럼증, 두통을 유발할 수 있는 화면이동형 민감 콘텐츠인가?		
6	어린이시기의 교육적 효과와 발달 정서에 맞는 콘텐츠를 사용하고 있는가?		
7	과한 게임적인 요소 및 인터랙션 요소가 포함된 콘텐츠인가?		
8	콘텐츠 상영, 체험 시간이 10분 이내의 분량인가?		
9	두근거림, 깜짝 놀람, 공중 부양, 빠른 접근 등의 심리 불안정 콘텐츠가 포함됐는가?		

PART 05

어린이용 AI VR콘텐츠의 구분과 예시

1. 영상 기반 VR콘텐츠의 구분과 예시   148
2. 그래픽 기반 VR콘텐츠의 구분과 예시   156

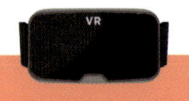

VIRTUAL REALITY

01 영상 기반 VR콘텐츠의 구분과 예시

1) 영상 기반 VR콘텐츠의 정의

영상 기반 VR콘텐츠는 전용 VR카메라로 180도 또는 360도를 실제 촬영하여 편집 후 VR HMD로 볼 수 있게 만든 실사 콘텐츠를 말한다.

▲ 영상 기반 VR을 직접 제작할 수 있는 보급용 VR카메라

2) 180도 3D와 360도 2D의 콘텐츠 예시

180도 3D 영상 VR은 전면에 집중하며 교육하여야 할 콘텐츠일 때 또는 입체로 보여 줘야 할 때 사용한다. 360도 3D 영상 VR은 상하, 전후, 좌우 등 모든 공간을 보여줄 때 사용하며 즐거운 경험이긴 하지만 때에 따라 다소 산만함을 가져올 수도 있으니 교육 현장에서는 적절히 활용하는 것이 좋다.

명화 체험   공룡 박물관   항공 무기 전시관

복화술 노래부르기   미래자동차 전시관   한국 민속촌

▲ 180도 시야각의 3D VR실사 예시

아이들에게 VR로 교육을 시킬 때는 반드시 정면을 주시하여 집중해야 할 내용인지, 모든 공간을 VR로 체험하게 해야 할지 선택하는 것이 중요하다. 360도 교육은 오히려 산만함을 불러올 수 있기 때문이다. 위의 예시들은 대부분 정면을 응시하며 관찰하고 집중해야 할 소재들이다. 그렇기에 영상 기반 VR의 특성상 180도 시야각에 3D입체

로 제작하여 집중도를 높이게 된다. 명화체험, 공룡박물관, 항공무기 전시관 등 다양한 문화와 장소를 탐색하고 흥미를 유발하도록 한다. '미래자동차전시관' 콘텐츠의 경우 전시되어 있는 멋진 슈퍼카들과 독특하게 생긴 여러 자동차들을 눈앞에서 보는 것처럼 관찰하고 체험할 수 있다. 아이들은 입체 콘텐츠를 볼 때 만지고 싶어서 손을 뻗는 모습을 자주 보게 된다. 하지만 영상 기반 콘텐츠는 만지거나 조작할 수 없이 보는 것만 가능하다. 이를 보완하기 위해 그래픽 기반의 콘텐츠들은 직접 만지고 조작할 수 있다.

▲ 360도 시야각의 등장방형 2D VR실사 예시

위 콘텐츠들은 360도 모노 영상 기반 VR의 예시이다. 어느 한 곳에 집중하기보다는 전체적인 풍광을 느끼고 현실감을 가지게 하는 것이 목적이다. 예를 들어 어린이가 체험하기에 위험하거나 비용 또는 여러 가지 단체교육의 문제점이 있다고 판단될 때 이러한 360 VR을 체험하게 하는 것이 좋다. 예시 중에 '낙조 갈매기' 편의 경우 바다의 일몰과 수많은 갈매기들, 파도소리 등을 아름다운 음악과 함께 감상할 수 있어서 많은 호응을 받고 있다. 콘텐츠는 개수가 중요한 것이 아니라 얼마만큼 아이들을 위해 기획하고 정성을 들였는지, 퀄리티가 중요하다. '열기구 체험' 편에서도, 열기구는 많은 아이들이 안전상 문제로 체험할 수 없는 레포츠 중 하나인데 VR에서는 뜨거운 공기를 거대한 벌룬에 넣는 과정부터 하늘에 떠오르기까지 모든 것을 보고 듣고 실감 나는 체험을 할 수 있다.

3) IMAX 영화관 모드의 평면형 콘텐츠 예시

　IMAX 영화관 모드는 사실 정석적인 VR콘텐츠라고 하기 애매하다. 이는 대기업들이 초기에 VR콘텐츠의 수량을 과대포장하기 위해 무리수를 두어 가며 기존 2D 평면형 영상을 포함시킨 것이 시초가 되었다. 예를 들어 TV에서 시청하던 일반 평면형 드라마가 있다면 VR로 보았을 때 전체가 영화관 배경이 되고 전면 스크린에 2D평면 영상이 보이는 형식이다. 이러한 형식의 VR콘텐츠가 무조건 나쁘다고 할 수는 없으나 어른들의 상업적 마인드에 기인한 것이므로 적절하게 활용해야 한다. 이런 유형의 콘텐츠는 장시간 관람 시 VR 무게로 인해 목이 불편하고 눈 건강에도 좋지 않으니 반드시 짧은 영상클립 위주로 보여 주었으면 한다. 한 가지 팁을 드리자면, 유치원이나 초등학교에서 무대 위의 입학식이나 졸업식, 연극 공연, 장기자랑 등을 했을 때 그것을 일반 카메라로 촬영한 뒤에 VR에 넣어 IMAX 영화관 모드로 보는 것은 현장감 있고 신기한 콘텐츠가 될 수 있다. 객석의 위치에서 무대 위의 현장 공연을 그대로 보는 느낌이 들게 하기 때문이다. VR콘텐츠 제작 방식 중 가장 접근이 쉽다고 볼 수 있다.

▲ IMAX 영화관 모드의 VR체험

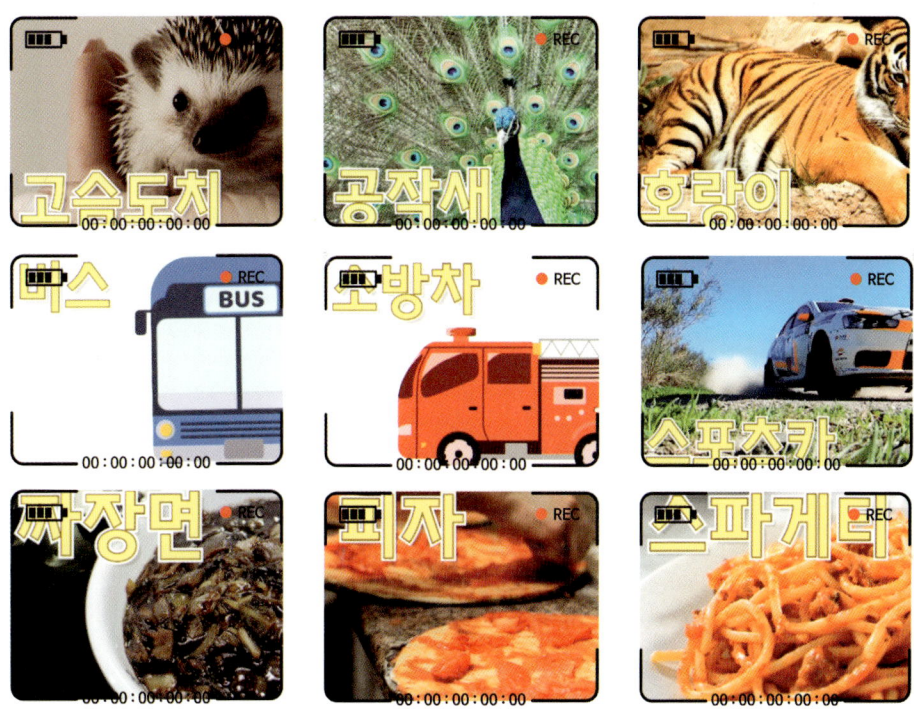

▲ IMAX 영화관 모드 VR콘텐츠의 예시

　영화관 모드는 성인들처럼 긴 플레이타임을 갖는 영화나 드라마를 아이들에게 보여 주는 것은 바람직하지 않다. 차라리 그러한 기존 평면형 콘텐츠 시청을 보여 주기 위해서는 TV나 프로젝터를 활용하는 편이 더 효율적이고 안전할 것이다. IMAX 영화관 모드의 VR콘텐츠 예시처럼 동물 시리즈, 교통수단 시리즈, 음식문화 시리즈 등 특정 카테고리의 데이터베이스를 만들어서 자료를 열람하는 식으로 하는 것을 권장한다. 또는 5~10분 내외의 단편 애니메이션 관람이나 무대 위의 연극, 공연, 태권도 시범 등도 나쁘지는 않다. 참고로 IMAX 영화관 모드에서도 훌륭한 입체감을 표현할 수 있으니 3D로 보여 주는 것은 더욱 흥미를 끌게 할 수 있는 요인으로 작용할 수 있다.

4) 영상 기반 VR콘텐츠 제작 방법

동영상의 형식으로 제작되는 VR콘텐츠에 대해 알아보자. 기본적으로 VR영상을 촬영하기 위한 보급형 또는 상업용 VR카메라가 필요하다. 일반 TV에서 4K라 하면 매우 높은 화질을 보장하지만 VR에서는 이상하게 매우 좋지 않은 화질을 경험하게 될 것이다. TV는 정해진 직사각형 사이즈 안에서 4K 화소수를 모두 구현해 내고 모든 영상이 눈에 들어오는 시야각을 가지고 있다. 하지만 VR은 불필요한 하늘, 바다, 뒷면, 옆면까지도 미리 구현해 놓아야 하기 때문에 360도로 4K영상을 늘려서 펼쳐 놓는다. 결국 VR의 특성상 1/10도 안 되는 영상의 일부분만 확대해서 보아야 하는 상황에 이르기 때문에 보다 고화질을 필요로 하는 것이다. 앞으로의 기술이 더욱 개발되어 적어도 8K화질(4K의 4배)은 갖추어져야 현실 세계처럼 느껴질 것으로 보인다.

VR카메라의 렌즈가 앞뒷면 2개이면 모노스코픽 360 VR콘텐츠 제작이 가능하고, 4개 이상이면 360 스테레오 입체 콘텐츠 제작이 가능한 수준이라 하겠다. VR카메라 촬영 소스는 엄청난 용량을 필요로 하기 때문에 테라바이트급 SSD는 갖추어져야 실시간 저장이 가능하다. CPU만 속도가 있는 게 아니라 메모리 저장장치 또한 전송속도라는 것이 있기에 반드시 빠른 속도에 맞는 사양을 준비하자. 이후 촬영을 하기 위해 장소를 이동한다면 조명과 날씨에 신경 써야 하는데 그 이유는 VR카메라의 특성에 있다. 기본적으로 줌 기능이 없는 데다 DSLR에 비해 매우 어둡게 나오는 경향이 있다. 비나 눈이 내리면 우산을 씌울 수도 없는 것이 360도 모든 방향을 동시 촬영하기 때문이다. 그렇기 때문에 VR촬영은 짧고 굵게 찍어야 한다. 각 렌즈별로 다른 각도에서 촬영한 원형 촬영소스는 서로의 경계를 이어 붙여야 하는 스티칭 과정을 거쳐야만 한다. 기본 영상소스의 스티칭까지 끝났다면 어도비 프리미어나 파워디렉터 같은 영상 편집 프로그램의 타임라인에 소스를 얹은 후 트랜지션이나 PIP 등 여러 효과를 넣어 가며 VR 편집에 들어가면 된다. 이때 360도로 편집할지, 180도로 할지, 2D로 할지, 3D로 할지 등을 미리 결정하여 VR 편집 기술에 응용하여야 한다(이 지면에서는 실무적인 제작 방법을 설명하지 않으므로 별도의 정보를 참조한다).

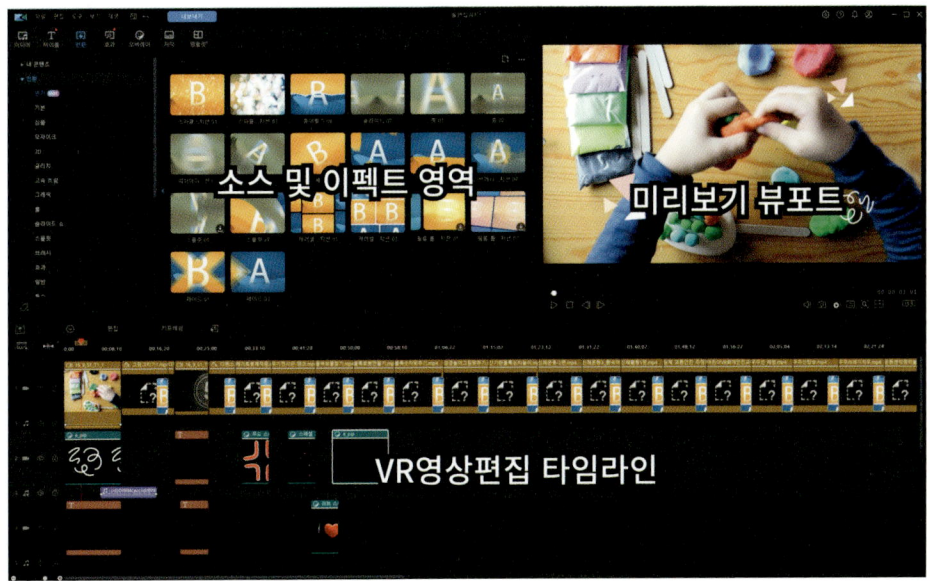

▲ VR 영상 편집 프로그램 <파워디렉터 365>

편집이 다 끝났다면 메타VR 또는 피코VR 등 가지고 있는 VR HMD에 넣어서 플레이해 보면 된다. 이때에도 영상 기반 VR의 다양한 플레이 포맷이 존재하므로 이에 대한 지식이 없다면 이것저것 바꿔 가며 영상소스에 맞는 것을 찾아서 즐겨야 한다.

VIRTUAL REALITY

02 그래픽 기반 VR콘텐츠의 구분과 예시

1) 그래픽 기반 VR콘텐츠의 정의

그래픽 기반 VR콘텐츠란 마야, 블랜더, 스케치업 같은 다양한 모델링 프로그램을 통해 만들어진 3D 오브젝트와 각종 제작소스를 프로그래밍 언어 C#, C++, Python, JAVA 등으로 VR에서 사용할 수 있게 컴파일하여 제작된 콘텐츠를 말한다. 영상 기반 VR과 달리 직접 만져 보거나 상호작용이 가능한 기술적 특징이 있다.

2) 단순시청 관람형 콘텐츠 예시

무조건 그래픽으로 만들었다고 해서 상호작용이 다 필요한 것은 아니다. 할리우드 블록버스터 영화의 특수효과들도 그래픽으로 구현되었지만 상호작용이 아닌 단순 관람이 목적이라고 할 수 있다. 요즘은 게임과 영화의 구분이 모호해진 것이 사실이지만 특수효과를 위해 고급 툴인 언리얼엔진을 사용하면 영화 같은 게임도 만들 수 있고, 게임 같은 영화를 만들 수도 있다. 단순 시청용 VR콘텐츠는 영화관에서 마음 편하게 영화를 즐기는 마음으로, 흐름대로 즐길 수 있는 장점이 있다. 아이들에게 때로는 결정과 선택의 요구가 스트레스로 다가올 수도 있다.

▲ 단순 시청 관람형 VR영상 콘텐츠 예시

(자료: 주식회사 한국코넷-유아콘VR)

3) 상호작용 실감형 콘텐츠 예시

프로그래밍을 한 VR그래픽 기반 콘텐츠의 꽃은 바로 인터랙션(상호작용)에 있다. 보고 듣는 것만으로도 즐거운 VR체험이 되겠으나 많은 아이들이 손을 내밀어 가상의 오브젝트를 직접 만져 보고 싶어 한다. 이때 컨트롤러의 햅틱(진동 터치) 기능과 인터랙션 요소를 제작하였다면 보다 흥미로운 가상현실의 경험이 될 수 있을 것이다. 예를 들어 공룡이 먹이를 먹고 있다면 쓰다듬어 보거나 먹이를 주면서 손에 느껴지는 촉감을 느낄 수도 있을 것이다. 보통 VR콘텐츠는 유니티나 언리얼엔진을 많이 사용한다. 중소형 기업에서는 쉽고 빠르게 제작할 수 있는 유니티를 사용하며, 대기업은 대부분 언리얼엔진을 선호하게 된다.

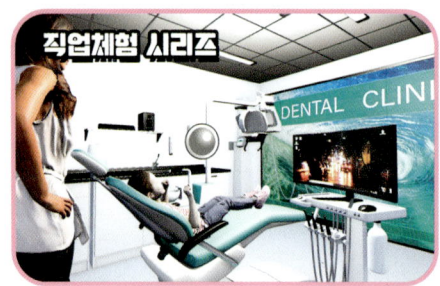 

▲ 상호작용 실감형 VR콘텐츠 예시

(자료: 주식회사 한국코넷-유아콘VR)

4) 그래픽 기반 VR콘텐츠 제작 방법

컴퓨터그래픽으로 제작된 VR콘텐츠들은 우선 제작이 까다롭기 때문에 일반 콘텐츠들에 비해 제작단가가 비싸다고 할 수 있다. 접근도가 쉬운 유니티보다 상대적으로 배우기 어렵다고 할 수 있는 언리얼엔진을 활용한 콘텐츠라면 더더욱 비쌀 수밖에 없다. 영화 〈아바타〉, 〈듄〉, 〈터미네이터〉 같은 블록버스터 영화의 대부분은 언리얼엔진을 사용하는데 보통 수천억 원 이상의 제작비가 들어간다. 본《어린이 AI VR교육 백과》에 어린이 VR콘텐츠를 제공하고 있는 주식회사 한국코넷의 VR콘텐츠 제작환경이 언리얼엔진 기반이므로 이에 기준하여 설명하고자 한다. 로우폴리곤을 많이 사용하면 아기자기한 맛은 있으나 게임 같다는 느낌을 지울 수 없다. 유니티엔진이 매우 좋고 대중화된 프로그램인 것은 사실이지만 리얼하지 않은 게임스러운(?) 그래픽 환경에 적합하다고 볼 수 있다. 이에 반해 언리얼엔진은 그래픽이면서 현실과 같은 퀄리티를 만들어 낼 수 있다.

▲ 에픽게임즈의 언리얼엔진 5

　본서는 VR콘텐츠 제작을 위한 도서가 아니기 때문에 대략적인 방법만을 간략하게 설명하고자 한다. 먼저 배경(구름, 태양, 바다, 나무, 집 등)을 3D 오브젝트 배치로 꾸민 후 상호작용 할 오브젝트와 움직임 등을 만든다. 배경 음악과 나레이션, 효과음 등은 AI로 제작하여 삽입하기도 한다. 요리를 하기 위해서는 다양한 식자재가 필요하듯이 수많은 소스를 준비하여 기획한 대로 배치하고 프로그래밍하면 VR콘텐츠 제작을 완성할 수 있을 것이다. 영상 기반 VR의 경우 빠르면 한 달 코스 안에 마스터할 수 있으나 그래픽 기반 VR 개발자가 되려면 적어도 수년에서 수십 년의 끊임없는 공부와 경

힘이 필요하다. 굳이 설명하자면 파이썬, C++, 자바, 블렌더, 마야, 3DS, 유니티, 언리얼 등의 다양한 프로그래밍 기초를 다지지 않으면 일반인이 접근하기 어려운 성역(?)이라는 것이다.

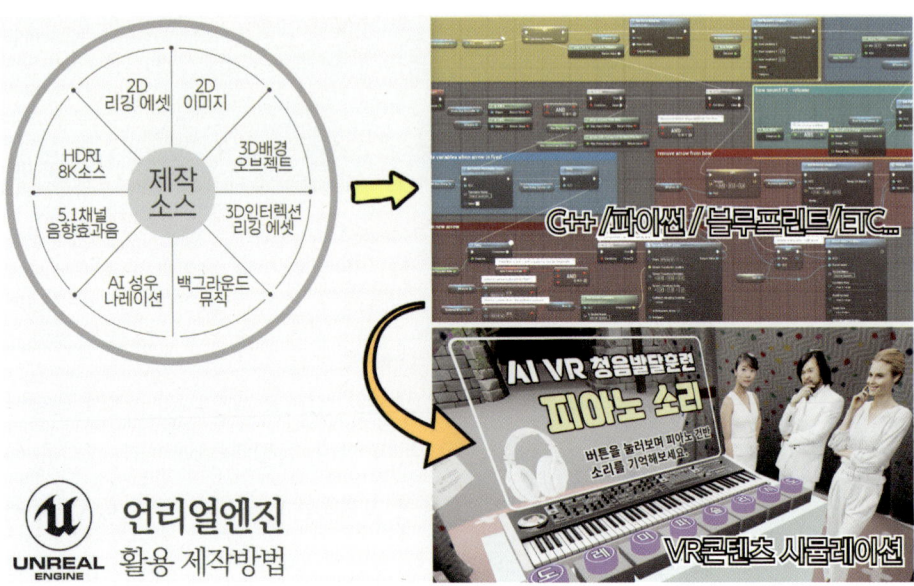

▲ 언리얼엔진을 활용한 VR콘텐츠 제작 과정

PART 06

어린이 AI VR교육 방법과 VR시설 가이드

1. VR교육 계획안 작성   164
2. VR교육 전 사전 준비사항   166
3. VR교육의 실제 - 1타임 30분 기준   170
4. 유치원과 초등학교를 기준으로 한 현장 활용안   176

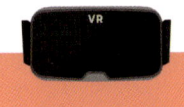

VR교육 계획안 작성

VIRTUAL REALITY 01

어린이 교육은 정확하게 체계에 의해서 교육을 한다. 그래서 어린이 교사 또는 외부 강사는 반드시 1년 연간계획안과 그에 따른 월간계획안, 주간계획안, 일일계획안을 명확하게 작성해야 한다.

▲ 어린이 VR교육 일일계획안 샘플

(자료: 주식회사 한국코넷-유아콘VR 제공)

연간계획안을 작성할 때에는 가능하면 교육과정에 맞게 짜는 것이 좋다. 모든 수업은 연계성이 중요하기 때문이다. VR교육에서는 교육과정에 맞게 연간계획안을 맞춘 다음 매일의 수업에 맞게 일일계획안을 작성한다. 어린이 VR교육은 일주일에 한두 번 교육하는 것이 가장 좋다고 본다.

일일계획안에서 가장 중요한 것은 교육의 제목, 교육 목표, 기대효과이다. 어린이 VR교육은 교육의 제목과 제목에 따른 목표, 목표에 따른 교육 효과가 있어야 한다. 그래서 이 콘텐츠가 어떤 제목이고 어떤 효과가 있는지 어떤 목표를 가지고 이 교육을 할 것인지를 명확히 해야 좋다.

VR교육의 특성상 교육내용은 어떤 콘텐츠를 선정하느냐에 따라 커다란 갈림길에 서게 된다. 콘텐츠의 선정에는 본 책에 자세히 다루고 있으나 기본적으로 일 년 교육에 중심이 되는 교육 개념이 자리 잡고 있어야 한다.

프로젝터를 켜서 벽을 누르거나 바닥을 밟는 식의 변형된 가상 게임도 VR교육이라고 하는 때가 되어 버렸다. 물론 변형된 VR이나 AR도 교육적인 효과를 찾을 수는 있겠으나 정석적인 VR은 반드시 HMD를 머리에 착용한 교육이 되어야 한다.

VIRTUAL REALITY

02 VR교육 전 사전 준비사항

1) 6세 이상의 대상 연령 확인

유아들의 경우 모든 아이들에게 VR교육을 하고 싶은 욕심도 생길 것이다. 하지만 학기 초의 5세는 4세와 같고 6세는 5세와 같다는 걸 알 것이다. 유치원의 경우 5~7세 중에서 6, 7세 이상을 어린이 VR교육에 넣은 이유는 두개골의 크기와 시각적 요소를 고려했기 때문이다. 7~10분 내외의 VR교육에서 굳이 5세를 포함하고 싶다면 콘텐츠의 선정에 있어서 더 신중해야 하며 사용 시간도 5분 이내로 국한하는 것이 더욱 안전하다. 30분 이상을 한다는 가정하에서도 큰 문제가 발생하는 건 아니지만 보다 민감한 아이들이나 혹시 모를 안전사고 등의 우려가 있으니 교육자의 관점에서 좀 더 현명한 판단이 필요하다. 초등생의 경우 1~2학년은 고학년에 비해 VR기기를 다루는 것이 서투를 것이다. 그렇기 때문에 학교에서는 반드시 LMS 중앙제어시스템을 운용하는 것이 바람직하다.

▲ 6세 이상의 어린이들이 VR HMD를 체험하는 모습

2) 교육 장소 바닥 표시와 간격 조절

　넓은 홀에서 교육 시 줄을 서라는 식으로 지도하지 말고 색 테이프가 있다면 몇 개의 줄을, 원형 시트지가 있다면 적당한 간격으로 붙여 놓아야 한다. 바닥을 표시하는 이유는 아이들이 앉아야 할 곳을 표시하는 것이고 적당한 간격을 띄워 VR교육 시 옆 친구를 터치하지 않게 함이다. 강당이나 홀이 아닌 책상에 앉아 VR교육을 한다면 바른 자세로 의자에 앉아 두 손을 책상 위에 살짝 대어 수평과 안정을 취한 자세로 교육받게 하는 것이 좋다.

　VR교육의 최대 장점은 다른 시청각 교육처럼 위치에 따른 교육 방해가 되지 않는다는 것이다. TV 시청각 교육의 경우 뒷자리에 앉아 있는 아이는 잘 보이지 않을 수 있지만, VR은 개개인의 장치를 착용하므로 그럴 염려가 없다.

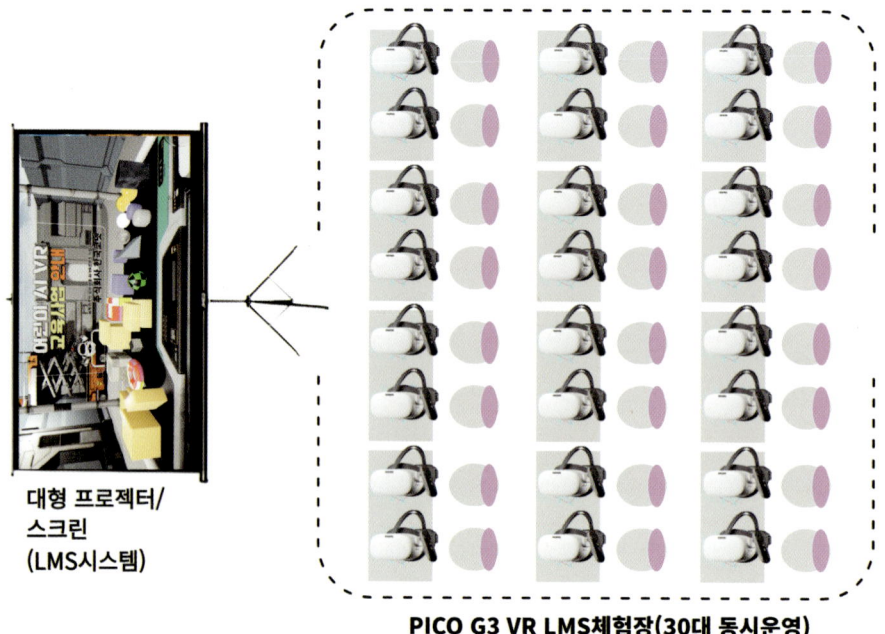

▲ 클래스 기준 LMS시스템 교육장 배치도

3) 주변에 위험 물체 제거

    VR교육은 가능한 한 아무런 방해물이 없는 넓은 강당 등을 활용하는 것이 좋다. 신체 활동을 하는 것은 아니지만 VR교육의 특성상 이리저리 둘러보거나 만지려 하므로 위험한 물체가 있으면 안 된다. 또한 절대 서서 VR교육을 해서도 안 된다. 이러한 주의사항은 반드시 교육 전에 아이들에게 설명하시길 바란다. 주변에 튀어나온 물체나 떨어질 만한 위험요소, 부딪힐 만한 것은 미리 치우는 것이 바람직하다.

4) 전체 VR기기의 작동 확인과 오작동 수신호

어린이들의 VR은 하나하나 미리 점검하여 문제가 있는지 확인한다. 정해진 수업 시간 안에 성공적인 수업을 진행하기 위해서는 단 한 대의 오류도 허용해서는 안 된다. 20여 명의 아이가 VR수업을 받는데 어느 1대가 고장이 나서 한 아이가 수업을 못 받게 되면 형평성에 문제가 생긴다. 그 때문에 20여 명 수업이라면 2~3대의 VR기기를 비상용으로 더 준비하는 것도 바람직하다고 할 수 있다.

기기에 문제가 없는데도 잘못 건드려서 화면이 안 나오는 경우가 있을 수도 있다. 소심한 아이는 VR에 문제가 있는데도 그냥 눈 감듯 가만히 있다가 수업이 끝나길 바라는 경우가 있으니 꼭 사전에 교육하여 자신의 VR이 잘 안 나오거나 이상하면 손을 들고 있으라고 해야 한다. 수신호를 하지 않고 말로 하게 하면 소란스러워져 수업에 방해가 된다.

5) VR기기의 렌즈와 위생상태 점검

안경 렌즈를 자주 닦지 않으면 손 지문이나 때가 있는 것처럼 VR기기에도 렌즈가 있으므로 자주 닦아 주는 것이 좋다. 렌즈가 청결하지 않으면 뿌연 상태로 보기 때문에 화질이 안 좋다고 생각하거나 어지럼증을 느낄 소지가 있다. 수업 전에 미리 잘 닦아 놓도록 하자.

▲ 교육 전 미리 렌즈를 깨끗하게 닦는다.

VIRTUAL REALITY

03 VR교육의 실제
- 1타임 30분 기준

1) 사용 전 목과 어깨의 스트레칭

아이들에게 처음에 VR교육을 하기 전에는 아이들과 라포르 형성을 하는 시간이 필요하고 수업을 시작하기 전에 VR 스트레칭을 한다. 스트레칭 부위는 목과 어깨 부위에 집중한다. 목을 상하좌우로 돌리고 시계방향, 반시계방향으로 두 바퀴 정도 돌리게 해 준다. 굳이 어른들처럼 머리를 손으로 잡아당기는 식의 정석 스트레칭을 하지 않아도 된다. 머리가 크고 팔이 짧으니 그냥 돌려도 무방하다.

머리를 돌려서 목 운동이 충분히 되었다면 양팔을 크게 돌리며 어깨 돌리기를 한다. 목은 어깨 근육과 연결되어 있으므로 어깨를 돌려 줘도 목 근육이 풀리기 때문이다. 이 스트레칭 운동은 VR 시청 전이나 후에 해도 좋고 시간 여유가 없다면 시청 전만이라도 꼭 해 주도록 하자.

2) 어린이들에게 간단한 주의사항 설명

매주 반복되는 수업이라 할지라도 주의사항은 반복적인 교육이 필요한 부분이다. 아이들에게 설명할 주의사항은 아래 표와 같다.

【어린이 VR교육 시 주의사항】

1. 표시된 제자리에 앉아서 VR교육을 받는다.
2. 옆 친구를 일부러 건드리지 않는다.
3. VR의 아무 단추나 임의로 누르지 않는다.
4. 교육 도중 절대 일어서거나 기어다니지 않는다.
5. 큰 소리로 떠들지 않는다.
6. 화면이 안 보이거나 이상할 때는 조용히 손을 들고 기다린다.
7. 화장실이 급할 때도 조용히 손을 들고 기다린다.
8. 기타

참고할 것은 절대 아이들에게 어지럼증에 대해 미리 이야기하지 말라는 것이다.

어느 교육 시설에서 VR 수업을 하는데 대부분의 반에서는 한 명도 어지럽다는 아이가 없었다. 그런데 유독 어느 반에서만 중간중간 어지럽다며 아이들이 손을 드는 것이었다. 알고 보니 담임선생님이 VR 시청 중에 조금이라도 어지러우면 손을 들라고 이야기를 했다고 한다. '노시보 효과'라는 것이 있다. 플라시보 효과의 반대말이다. 부정적인 것을 심어 주면 부정이 당연시되는 효과이다. 실제로는 어지럼증의 요소를 제거한 콘텐츠임에도 불구하고 생전 처음 VR을 체험하는 아이들이다 보니 볼록렌즈에 의한 굴절 효과를 어지럼증으로 착각하고 손을 든 것이었다. 이후 설명을 하였더니 모든 아이가 다시 VR교육에 임했고 아무런 문제가 생기지 않았다. 아이들에게 주의사항을 설명하되 어지럼증을 말하기보다는 화면이 잘 안 보이거나 불편한 게 있으면 손을 들라고 하는 편이 나을 것이다.

3) 전체 VR 착용과 스탠바이

VR HMD는 아직 어린이 전용으로 나온 제품이 없을 것이다. VR교육 시장이 커지게 되면 조만간 어린이 전용 VR이 나올 것으로 기대한다. 본 책에서 권장하는 하드웨어를 채택하면 어린이들에게도 무리 없는 VR교육을 할 수 있을 것이다.

▲ 피코4 모델의 헤드조절 부위

피코 VR기기에는 G3모델에 압착을 위한 밴드가 있고 피코4에는 벨크로와 조절 다이얼이 있다. 길이 조절이 가능하니 사전에 아이들의 평균 두상 크기를 점검하여 알맞게 맞추어 놓는다. 혼자서 착용할 수 있는 아이들도 있으나 약간의 힘 조절이 필요할 수 있으니 도와주는 것이 좋다.

VR 착용 시에는 뒤의 밴드를 대고 앞부분을 나중에 끼는 사람들이 많다. 하지만 얼굴 위가 잘 맞지 않을 수 있으니 가능하면 얼굴 위에 기기를 먼저 맞추고 뒤의 밴드를 씌워 주는 것이 바람직하다.

성인은 코뼈가 지지대 역할을 하지만 아이들의 경우 코뼈가 발달하지 않아 밴드의 탄력에만 의지해야 할 것이다. 너무 헐렁이지 않고 너무 꽉 조여지지도 않는 적절한 상태를 만들어 주도록 한다. 모든 아이의 착용이 끝날 때까지 전체가 기다려 줘야 한다.

4) LMS중앙제어시스템의 활용

전체 착용이 끝나면 VR LMS중앙제어시스템을 활용하여 수업 진행을 하게 된다. LMS시스템은 VR HMD 제조회사마다 있는 곳도 있고 없는 곳도 있다. 메타(오큘러스VR)의 경우 소비자용과 기업용의 구분이 없어서 LMS시스템을 별도로 도입하거나 시스템을 개발해야 하는 번거로움이 있다. 피코VR의 경우 소비자용 VR은 LMS 사용이 안 되지만 엔터프라이즈 모델이라 불리는 기업용 모델에는 각종 편의를 제공하기 때문에 구분해서 도입해야만 한다. LMS시스템은 VR HMD의 켜고 끄는 기능, 볼륨 조절 기능, 아이트래킹 기능 등 매우 다양한 중앙 제어를 가능하게 해 주는 시스템이다.

▲ 피코VR의 LMS시스템으로 수업 중인 아이들

음향효과는 기기별로 헤드폰이나 이어폰을 끼워도 되지만 어린이들의 경우 귀 모양이 완전히 형성되지 않아 이어폰이 고정되지 않는 사례가 많다. VR기기마다 외부 스피커가 있으니 그것으로 듣게 하거나 혹은 앞에서 스피커로 음향을 동기화하여 틀어줘도 된다.

플레이를 하는 동안에도 VR 지도교사는 아이들 한 명 한 명을 수시로 관찰하며 문제가 있지 않은지 확인해야 한다. 도중에 손을 들고 있는 아이가 있다면 다가가서 VR을 벗기고 무엇이 불편한지 이야기를 들은 후 해결해 주도록 하자.

5) VR 회수 후 이야기 나누기 또는 연계 교육 진행

VR교육이 끝나게 되면 아이들이 머리에서 VR을 벗어 제자리에 정돈할 수 있도록 한다. VR기기 자체가 민감한 기기이므로 조심스럽게 다루어야 한다는 것을 아이들에게 이야기한다. 보통 살균과 충전, 보관을 위해 전용 케이스를 설치하여 관리하면 편리하다.

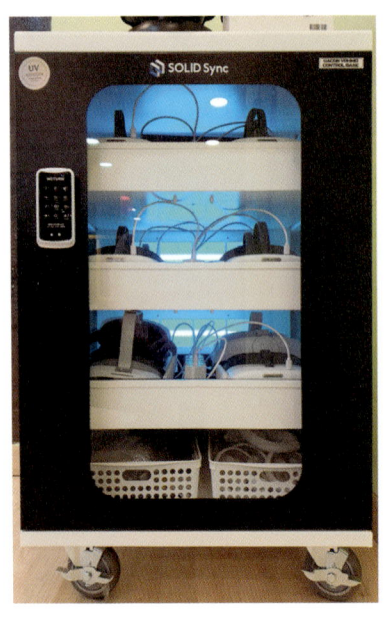

▲ VR HMD 전용 살균보관 충전함

VR 시청이 끝나면 그대로 끝나는 것이 아니라 아이들과 대화를 나누면서 브레인스토밍을 한다.

  오늘의 VR콘텐츠 내용을 아이들과 이야기하면서 어떤 내용이 나왔는지 여기에서 배울 점이 무엇인지 아이들과 이야기를 나누면서 생활교육, 예절교육까지 하면서 마무리를 한다.

VIRTUAL REALITY

04 유치원과 초등학교를 기준으로 한 현장 활용안

아무리 좋은 교육이라 하더라도 현장에서 활용하는 것을 모르면 안 된다. VR 개발자들이 아이들을 가르친다면 아이들의 눈높이를 맞출 수 없으므로 VR교육을 적용할 수 없다. 한편 어린이 교육자가 VR의 원리를 모르면 교육을 할 때 어려움을 느끼게 된다.

그래서 실제 어린이 VR교육은 VR기기, 콘텐츠, 어린이에 대해서 충분한 이해가 된 강사가 담당하는 것이 좋다. 어린이 AI VR교육은 유치원, 어린이집, 초등학교, 태권도, 학원 같은 곳에서 활용할 수 있는데 여기에서는 유치원과 초등학교를 기준으로 한다.

1) 주 1회 집단교육

아이들이 개별적으로 개인 기기를 사용할 수도 있겠지만 가능하면 전체가 동시에 VR을 머리에 쓰고 교육을 받는 것이 조금 더 수월하다.

이때에는 계획안에 맞추어서 주 1회로 이번 주에는 어떤 교육을 하고 다음 주에는 어떠한 교육을 한다는 계획을 하듯이 정확한 요일과 시간을 맞추어서 해당하는 콘텐츠를 아이들에게 교육하도록 한다.

그리고 앞서 이야기한 바와 같이 상호작용 위주의 게임화되어 있는 VR콘텐츠는 가능하면 사용하지 말고 아이들이 보고 느낄 수 있는 콘텐츠로 활용을 하도록 한다.

2) 자유 VR체험 놀이영역 활용

아이들이 자율적으로 VR체험 놀이영역으로 가서 자신이 VR을 활용해 보고 싶으면 거기에서 VR을 자체적으로 볼 수 있도록 하는 활용 방법도 좋다. VR을 켜고 끄는 것이 어려울 수 있으므로 미리 선생님이 VR을 켜 놓게 되면 머리에 쓰지 않고 있을 때는 자동으로 대기모드로 되어 있다가 실제 아이가 VR을 쓰게 되면 켜지게 된다. 보통 스탠드 얼론 제품일 경우에는 하루 3시간 정도의 작동 시간을 갖는다고 하는데 실제 실험을 해 보니 쓰고 벗고를 자주 하게 되면 온종일 켜 놓는 편이 지속 시간이 길었다. 그러므로 자유 VR체험 놀이영역에서 VR을 활용하게 하는 것도 좋다.

▲ VR HMD 자유놀이 체험영역 구성

3) 외부 체험 활동

주 1회 교육이거나 주 1회 집단교육이거나 아니면 매일같이 하고 싶어 하는 아이들이 자율적으로 VR을 활용하게 하는 방법도 있지만, 외부에 나가서 하는 체험 활동 방법도 있다. 어린이 AI VR교육 시설이 교내에 설치되지 않았다면 외부에 단체로 이동하여 VR체험교육을 해야 할 것이다. 그렇게 되면 원내에 비치되어 있지 않아도 그곳에 가서 한 달에 한 번이나 분기별로 한 번씩 가서 VR체험 활동을 할 수 있으므로 현장에서 활용하면 많은 도움이 될 것으로 본다.

▲ 어린이 <VR운동회>의 한 장면

PART 07

VR HMD의 기능조작 및 관리

1. VR HMD의 선택과 외형구조   182
2. 피코 VR의 조작 방법과 준비사항   186

VIRTUAL REALITY

01 VR HMD의 선택과 외형구조

1) VR HMD기기의 선택

세상에는 매우 좋은 퀄리티의 VR HMD들이 있지만 우리의 대상은 어린아이들이다. 때문에 어린이들의 두개골 사이즈에 맞게 충분히 조절할 수 있는지, 무게는 최대한 가벼운 것으로, 눈 피치 조절이 되는 제품으로, LMS중앙제어시스템의 지원 여부, 컨트롤러의 크기와 무게 등 따져야 할 게 많다. 한국어린이AIVR교육총연합회에서 공식 추천하는 어린이 VR HMD는 피코(PICO)사의 2가지 모델이다. 피코G3와 피코4인데 G3 모델은 3DoF 전용으로 VR실사 영상 또는 VR그래픽 영상을 단순 시청각 교육하는 데 좋다. 많은 아이들을 동시에 영화관에 데려간다고 해 보자. 조작 방법과 세팅이 복잡하고 선택지가 많다면 담당하는 교사들은 현장에서 진땀을 흘릴 것이 뻔하다. 매우 심플하고 직관적이면서 LMS시스템으로 동시 중앙제어를 한다면 아이들과 교사 모두 쉽고 편안하게 VR 시간을 즐길 수 있을 것이다. 그런 용도로 G3 모델을 대량 사용하길 권하며, 피코4 모델의 경우는 6DoF로 고급화되어 가상공간을 실제로 걸어 다니며 보고 듣고 만질 수 있다. 더 좋은 기종임에는 틀림없으나 앞서 말한 바와 같이 어린이 대상의 단체 교육에서는 교사가 일일이 세팅해 주고 선택지를 안내하는 에너지 소모를 할 수 없다. 따라서 피코4는 각각의 특정 공간에 부스를 마련하여 특별성을 부여한 교육이 되어야 한다. 두 모델 모두 제품명 뒤에 '엔터프라이즈'가 붙는데 이것은 기업용이라는 뜻이며, 일반 개인은 구매할 수 없다. 유치원이나 학교, 관공서 등에 납품되고 관리되는 비투비 전용 기기임을 기억하자.

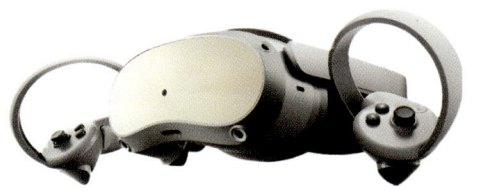

일반형 PICO G3-4K+모델

3Dof 전용 제품으로 <영상기반 VR콘텐츠>의 활용에 적합하며, VR앱 사용시 고정된 위치에서 1개의 콘트롤러로 제한적 사용이 가능합니다.

최고급형 PICO4 Enterprise모델

6Dof 최상급 제품으로 <영상기반+앱 기반>의 모든 VR콘텐츠 규격을 활용할 수 있습니다. 외측과 내측에 수많은 센서와 카메라가 장착되어 2개 콘트롤러로 무한한 상상을 펼칠 수 있습니다.

*** 상기 제품은 일반 소비자용이 아닌 공공교육기관용 제품입니다.(가격과 성능 차이가 큼)

▲ 어린이 AI VR교육용으로 적합한 피코VR 모델

2) 피코 VR의 외형구조

피코VR HMD는 그림과 같이 전체적인 외형 구조가 완벽한 밸런스를 추구하도록 설계되었다. 타 기업의 제품들보다 피코사의 제품군을 추천하는 가장 큰 이유는 무게 밸런스 때문이다. 피코는 배터리팩을 뒷부분으로 보내어 무게 밸런스를 최적화했다. 이는 매우 중요한 체크 사항이다. 만일 얼굴 쪽 안면에 모든 부품이 집중되도록 설계되었다면 그 무게에 의해 흘러내리게 될 것이고, 그것을 방지하기 위해 머리 밴드(고정 조절 장치)를 더욱 세게 조여야만 한다. 그렇게 되면 안면신경계를 너무 압박하여 답답하고, 여성들이 제일 기피하는 너구리 자국(고글 모양으로 피부 눌림 자국)이 눈 주변에 생기게 된다. 또한 지렛대의 원리에 의해 더 튀어나온 VR은 시간이 지날수록 무게감이 더해져서 목의 경추에 무리를 줄 수 있다.

피코G3는 완전히 VR에 가깝고 피코4는 XR에 가깝다. 이는 VR 앞면에 카메라가 있느냐 없느냐의 차이이다. 까맣게 뚫린 작은 렌즈들이 트래킹센서 또는 카메라이므로 그게 있으면 VR에서도 바깥을 볼 수 있다. 그로 인해 홀로그램 같은 AR기능을 사용할 수 있는 것이다. 전원 버튼과 볼륨 버튼이 있고 머리 조임 장치가 있으며, VR 안쪽에는 VR렌즈(G3 모델은 프레넬렌즈, 피코4 모델은 팬케이크렌즈 사용)가 있다.

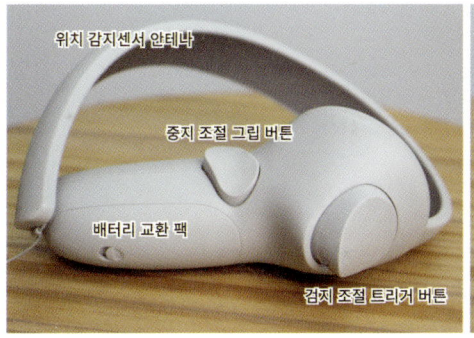 

▲ 피코 VR의 부위별 안내

　고급형 피코4 엔터프라이즈는 팬케이크렌즈 아래쪽에 페이스리딩과 아이트래킹을 하는 별도의 특수 카메라가 부착되어 있는 걸 알 수 있다. 두 렌즈의 사이에 조그만 렌즈 구멍이 있는데 이것은 안면인식 센서이다. VR을 시청하다가 잠시 벗어서 내려놓으면 이 센서가 얼굴이 없다는 것을 감지하여 스텐바이(대기상태)로 들어간다. 절전모드이므로 이 상태에서 부스 운용이 들어가도 무리가 없을 것이다. 보다 자세한 운영관리는 다음 장에서 설명하도록 한다.

VIRTUAL REALITY

02 피코 VR의 조작 방법과 준비사항

1) 렌즈와 카메라 청결상태 확인

　VR을 사용하기 전에 반드시 해야 할 것이 있다. 바로 세척의 단계이다. 기기가 깨끗하지 않으면 제아무리 좋은 화질의 VR이라도 흐리게 보일 수밖에 없다. 게다가 사람의 손에는 유막이 형성되어 있기 때문에 한두 번 손으로 렌즈를 만지더라도 쉽게 지문이 묻어난다. VR기기 박스에 동봉된 기기관리용 천을 이용하거나 안경 닦는 극세사 천을 사용해도 좋다. 기기 안쪽 두 개의 렌즈를 동그랗게 돌려 가며 깨끗이 닦아 준다. 피코4 모델은 외형에 여러 개의 카메라가 있는데 이것 또한 꼼꼼히 닦아 주는 것이 좋다. 작은 차이지만 큰 결과를 만든다. 코로나 발병 이후 청결상태가 항상 대두되었는데 이로 인해 VR에도 안면 항균보호대가 생겨났다. 마스크처럼 눈에 끼우되 눈 주변은 뚫려 있는 구조이다. 필자는 사실 이 보호대가 너무 불편해서 거의 사용하지 않는다. 아이들도 눈에 거슬리고 자꾸 흘러내리는 데다 VR이 안면에 압착되는 것도 방해한다. 가능하면 귀찮더라도 알콜솜으로 안면 부위를 닦은 후 착용하게 하거나 자동 살균 보관함에 수시로 넣어 두어 살균하는 것을 추천한다.

2) 머리 크기에 맞게 사이즈 조절하기

이제 머리 크기에 맞게 VR을 조절해야 하는데 문제는 여자아이들에게 있다. 긴 머리 아이들은 착용할 때 눈앞에 머리카락이 눌린 채 착용해서 답답해하는 경우가 많다. 또 어떤 아이는 머리를 포니테일로 묶거나 액세서리를 달아 VR 착용이 어려울 때도 있다. 이럴 때에는 먼저 머리를 깔끔하게 정돈시킨 후 약간 고개를 45도 위로 보게 하고 안면에 VR을 부착하여 착용하게 하는 것이 좋다. 밴드형 조임 장치는 벨크로라고 불리는 점착 부위를 당겨서 텐션을 주어 고정시키고, 다이얼형 하드 고정 장치는 다이얼을 돌리면서 단단히 고정하면 된다. 이때 머리에 압착되는 느낌이 될 정도로 단단히 고정해 주는 것이 필요하다. VR 착용 후 고개를 좌우로 여러 번 흔들게 하여 압착 상태를 확인해야 하는데 이때 덜렁거리듯 흔들리면 VR 시청 시 고개를 돌리면서 기기가 움직이게 되어 자칫 어지럼증으로 착각하는 경우가 생겨날 수 있다.

3) 안면에 가장 잘 보이는 지점으로 VR 움직이기

VR을 머리에 단단히 고정하여 착용했더라도 방심하면 안 된다. 아이들의 VR교육을 지도하는 교사는 일일이 VR을 착용한 아이들의 고개를 조금 들어 보게 한 후 코의 중심선이 VR 중앙 음각센터에 맞는지를 다시 한번 확인한다. 코가 낮은 한국인의 특성상 VR이 옆으로 밀려서 센터가 맞지 않더라도 본인은 그것을 인지하지 못하는 경우가 많다. 이것 또한 화질저하와 어지럼증의 원인이 되기도 하니 반드시 VR의 센터와 얼굴 코의 센터를 일치시키면서 스스로 가장 잘 보이는 위치로 조정할 수 있게 해 주어야 할 것이다.

4) 손가락으로 전원 버튼 누르기

준비가 다 되었으면 양손으로 쌍안경을 쥐듯이 VR의 몸통 기기 양옆으로 감싸듯이 쥐게 한다. 보통 전원 버튼은 아래 또는 옆면에 있는데 이때 버튼을 누르라고 하면 다른 한 손으로 기기를 받치지 않은 상태에서 버튼을 누르려 하여 또 VR 중앙이 밀려 나간다. 반드시 양손으로 거머쥔 채 한 손으로 전원 버튼을 눌러야 기기가 움직이지 않는다. 피코사의 VR 제품은 기존 한국의 제품들과 다르게 길게 전원을 누르거나 두 번 눌러야 되기도 한다. 전원을 길게 누르고 있으면 로고와 함께 전원이 켜지고 기기 구동이 시작될 것이다. 아이들의 환호성이 들린다. 기대치가 올라가는 순간이다(교사는 단체교육 시 LMS중앙제어시스템을 사용하여 전원, 볼륨, 기기작동, 플레이, 스톱 등 거의 대부분 기능들을 무선 원격으로 제어가 가능하다).

전원 버튼을 길게 누른다.

▲ 피코4 VR의 전원을 켜는 방법

5) 컨트롤러를 손에 바르게 잡기

VR 전원이 켜지고 나면 카메라가 자동 작동하여 바깥 공간이 보인다. 이때 자동으로 컨트롤러의 위치가 나타나며 각 컨트롤러에는 L과 R이 표시되어 바른 손의 그립을 안내한다. 컨트롤러를 잡으면 보통 자동 인식하지만 배터리가 부족하거나 인식이 안 되어 있을 때는 엄지가 닿은 컨트롤러 상단부위의 버튼 중 아래 하나를 누르면 진동 햅틱 작동과 함께 인식이 되게 된다. 처음에는 컨트롤러의 모양이 기괴하여 제대로 손에 잡는 것이 어려울 수 있다. 자주 만져 보아서 손에 익도록 연습하는 것이 좋다. 어린이들의 경우 가끔 떨어트릴 수도 있기 때문에 별도로 판매되는 손등 압박용 그립 밴드를 추가 장착하여 쥐여 주게 되면 손을 놓더라도 컨트롤러가 떨어지지 않아 편리하다. VR 개발자들 대부분이 성인 등급 게임 개발자가 많다 보니 간과하는 것이 있다. 바로 어린아이들의 눈높이 교육이다. 체형이 작은 아이는 손도 작아서 컨트롤러의 버튼에 손가락이 닿지도 않는 문제가 있다. 그래서 가능한 한 어린이 콘텐츠를 제작할 때는 최대한 적은 개수의 버튼만 작동하도록 설정하고 디자인하는 것을 권장한다. 참고로 주식회사 한국코넷(유아콘VR)의 콘텐츠들은 트리거 한 개 버튼만 사용하게 하고 나머지 버튼을 무력화하거나 아예 컨트롤러 자체(손 모양)만으로도 인터랙션이 되도록 한 콘텐츠들이 있다. 아이들은 매우 직관적이고 쉬워야 하고 교사도 지도하기가 편리하다.

사전에 여러번 콘트롤러를
쥐고 누르는 연습을 한다.

▲ VR 컨트롤러를 바르게 쥐는 방법

6) 6DoF 제품의 사전 위치조정과 세팅

　피코G3는 3DoF라서 정면 조정만 버튼 하나로 손쉽게 세팅이 완료된다. 하지만 모든 방향을 인지하는 6DoF의 피코4는 반드시 사전 위치 조정과 세팅이 필요하다. 화면에 나오는 순서에 따라 컨트롤러를 바닥에 대어 지면의 높이를 설정한다. 그다음 현재의 공간에서 부딪히거나 위험한 곳을 피하기 위해 컨트롤러 트리거를 당긴 채 레이저를 지면에 크게 쏘아 가며 테두리 펜스를 그린다. 이때 중간에 트리거를 놓으면 다시 해야 하며, 한 바퀴 돌며 시작점과 일치하게 해야 안전구역 세팅이 완료된다. 피코4 같은 6DoF 제품들은 홈스쿨링 또는 개인용 고급 기기에 해당하기 때문에 유치원이나 초중학교, 관공서 등에서 사용할 땐 반드시 이렇게 사전 세팅을 해 놓는 것이 편리하다. 배터리가 다 되어 교체하거나 전원을 껐다가 켰을 때에도 미리 조정한 위치를 그대로 인식하기 때문에 또다시 세팅할 필요는 없어 편리하다.

PART 08

국내외 VR교육 현장과 해외 학부모 인지도 조사

기업 구분	주요 내용	비고
Immersive Touch	• 디지털 외과수술 솔루션으로 의료 VR 소프트웨어 • 외과의는 FDA 인증 VR플랫폼을 사용하여 복잡하고 정교한 외과수술을 리허설하여 정교한 외과수술 케이스를 계획	

Medical Realities	• 최초 VR라이브 수술 방송(로얄 런던 Hospital)
	  – "The Virtual Surgeon"
	• 온라인 대화형 학습모듈(무료), 외과수술 및 헬스케어 라이브 스트림 학습모듈(£9.9/월) 운영 중
	  – 360도 카메라, VR해부실습	

Osso VR	• 외과수술 훈련 플랫폼 • Oculus rift, HTC Vive 사용하며 햅틱 피드백 제공 • 척추 및 정형외과 수술 훈련 전문	
VirtaMed	• 의료훈련을 위한 VR외과수술 시뮬레이터 개발 기업 • 2013년부터 알파인 지역 국가 내 정형외과 전문의는 반드시 VitaMed ArthroS Simulator로 시험 테스트해야 함	
Zspace	• 캘리포니아 소재 기업으로 VR과 AR을 잘 혼용한 MR 시스템 개발 • 해부구조조직, 모든 신체 내부조직, 남녀 신체 등 인간 신체를 시각화시켜 STEM(Science, Technology, Engineering, Mathematics) 교육에 활발	
Surgical Theater	• 클리블랜드 베이스 기업, 이스라엘 공군 비행 시뮬레이션 작업에 참여한 바 있음 • VR의료 시각화 플랫폼을 도입하여 다른 정밀 VR 제품	
3D System's Sim-bionix	• 헬스케어 분야 시뮬레이션, 트레이닝, 교육 솔루션 제공	

▲ 국내외 다양한 곳에서 활용되고 있는 VR

VR은 현재 다양한 분야에서 활용이 되고 있다. VR은 게임이나 교육이나 산업용 혹은 심리치료의 방법 등으로 활용되고 있는데 특히나 정교한 시술이 필요한 의료분야에서도 적극적인 활용이 되고 있다.

Dubit Trends는 2016과 2017년 2년에 걸쳐 미국, 영국의 2~15세 어린이와 학부모들에게 다음과 같은 설문조사를 실시하였다.

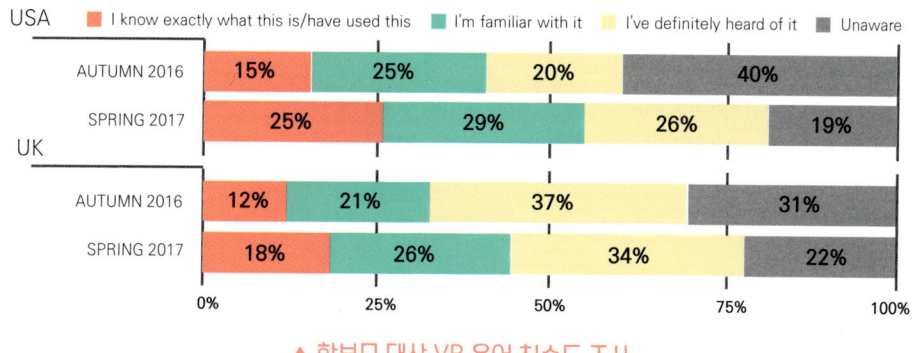

▲ 학부모 대상 VR 용어 친숙도 조사

미국과 영국 모두 2016년 대비 2017년에 VR의 인식이 많이 향상되었으며, 사람들에게 VR이 대중화가 되었음을 확인 할 수 있다.

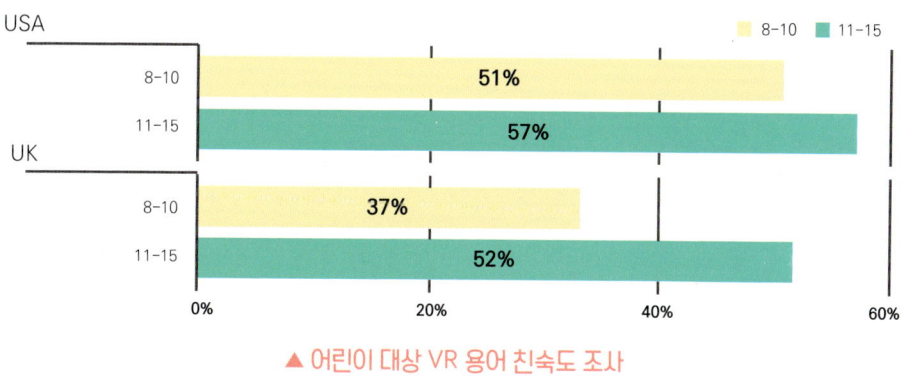

▲ 어린이 대상 VR 용어 친숙도 조사

8~15세 중 VR에 대해 들어 보거나 알고 있는 어린이의 비중이 과반수이며, 향후 더 낮은 연령대에서도 VR에 대한 인지도가 형성될 것임을 예측할 수 있다.

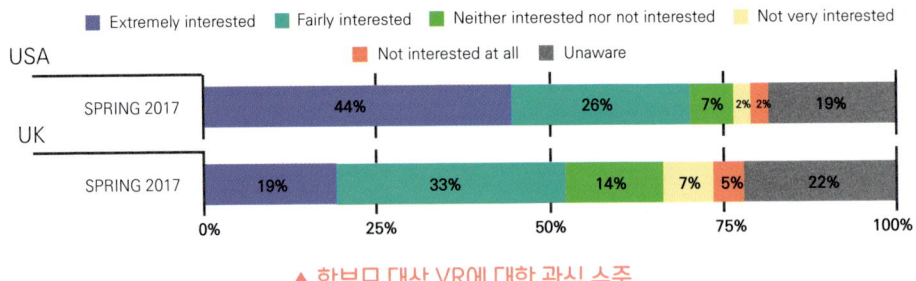

▲ 학부모 대상 VR에 대한 관심 수준

영국과 미국이 전체적으로 50% 이상의 상당한 흥미를 보이고 있다.

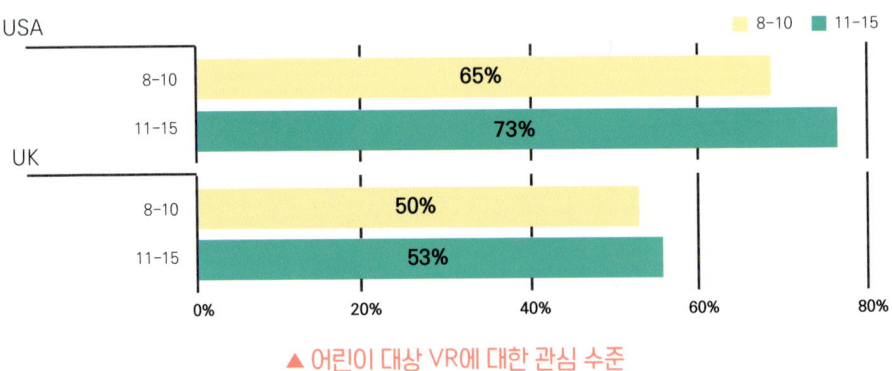

▲ 어린이 대상 VR에 대한 관심 수준

미국, 영국 모두 50% 이상이며, 결과치가 인지도와 관심 수순이 비슷하게 나왔다. 시대가 변하고 급속도로 발전하는 VR이 어린이의 흥미와 관심수준을 더욱 이끌어 낼 것이다.

부록

어린이 VR 교육지도사 자격검정 기출문제

'한국어린이AIVR교육총연합회'에서 공식 지원하는 '국제문화교육협회'의
<어린이 VR교육지도사> 민간자격증 취득을 위한 자격검정 기출문제집.

* 자격증 세부내용 및 단체연수 문의는 02)6959-0845 또는 uaconvr.hongeunsu@gmail.com로 연락주시기 바랍니다.

문항 1. 다음 중 VR HMD의 설명으로 맞는 것은?

1. 선글라스처럼 가볍고 얇으며 홀로그램 형식이다.
2. 프레넬렌즈 또는 팬케이크렌즈를 많이 사용한다.
3. 몸에 어디든 부착하여 사용이 가능하다.
4. 태블릿처럼 펜으로 조작하며 사용이 가능하다.

문항 2. AI의 설명으로 적당한 것은?

1. 인공적으로 만든 몸이라는 뜻이다.
2. VR을 AI라고 부르기도 한다.
3. AR의 다른 말이 AI이다.
4. 인공적인 지능을 가지고 스스로 학습한다.

문항 3. 어린이 VR에 대한 설명 중 틀린 것은?

1. 좋은 VR콘텐츠를 사용하면 시력이 좋아진다.
2. ADHD 아이들에게 디지털 치료제 역할을 한다.
3. VR로 학습하면 교육효과가 2.7배 향상된다.
4. 교육용 VR을 하더라도 게임중독에 빠진다.

문항 4. VR콘텐츠의 설명으로 맞지 않는 것은?

1. 영상 기반과 그래픽 기반으로 나뉠 수 있다.
2. 모든 VR콘텐츠는 360도 규격으로 만들어진다.
3. 그래픽 기반은 유니티나 언리얼엔진을 많이 사용한다.
4. 기존 평면형 2D 영상콘텐츠도 VR 영화관에서 볼 수 있다.

문항 5. VR HMD는 무엇을 말하는가?

1. 가상현실을 위해 머리에 씌우는 디스플레이 기기를 뜻한다.
2. 가상현실을 위해 태블릿의 디스플레이를 사용하는 것이다.
3. 가상현실을 위해 노트북에 디스플레이를 사용하는 것이다.
4. 가상현실을 체험하기 위한 콘텐츠를 말한다.

문항 6. VR HMD의 긍정적인 효과가 아닌 것은?

1. 특정 VR콘텐츠는 시력보호 및 시력향상에 도움을 준다.
2. 집중력이 증가하여 학습효과가 2.7배 향상된다.
3. 너무 오래 사용하면 목(경추)에 무리가 갈 수 있다.
4. 국내외에서 치료 목적의 메디컬 용도로도 많이 쓰인다.

문항 7. AR을 가장 잘 설명한 것은?

1. 360도 영상 또는 그래픽으로 가상현실을 경험할 수 있다.
2. 현실 속에서 새로운 객체를 추가하여 증강된 현실을 보여 준다.
3. AR의 다른 말이 VR이며 결국 똑같은 의미이다.
4. AR은 현재 메타버스의 중심이며, 고성능 컴퓨터를 사용한다.

문항 8. 다음 중 웨어러블 기기라고 볼 수 없는 것은?

1. 스마트 링 2. 스마트 워치 3. 스마트 폰 4. 스마트 이어폰

문항 9. 어린이의 놀이 발달단계에 대한 예문 중 맞는 것은?

1. 협동 놀이 → 혼자 놀이 → 병행 놀이
2. 병행 놀이 → 혼자 놀이 → 협동 놀이
3. 병행 놀이 → 혼자 놀이 → 병행 놀이
4. 혼자 놀이 → 병행 놀이 → 협동 놀이

문항 10. VR 어지럼증의 원인이 아닌 것은?

1. VR영상이 체험자와 관계없이 이동할 때
2. 체험자의 실제 키 높이보다 너무 높거나 낮은 콘텐츠일 때
3. 콘텐츠의 최적화가 안 되어 화면 잔상이 자꾸 나타날 때
4. VR을 착용하고 일어서서 체험 중일 때

문항 11. 어린이 AI VR교육 콘텐츠로 적절한 것은?

1. 매우 어둡고 공포스러운 느낌을 주는 콘텐츠
2. 매우 밝고 다양한 색깔이 자주 바뀌는 콘텐츠
3. 게임의 요소가 많이 들어 있는 흥미위주의 콘텐츠
4. 연령대를 고려한 교육적 효과를 기대하는 콘텐츠

문항 12. 어린이용 VR HMD의 선별 요건으로 알맞은 것은?

1. 최대한 가볍고 무게 배분이 잘되어 있는 VR HMD
2. 무겁더라도 화려하고 흥미롭게 생긴 VR HMD
3. 고성능 컴퓨터와 선으로 연결하여 사용하는 VR HMD
4. 스마트폰을 끼워 사용하는 VR박스 형태의 HMD

문항 13. VR수업 중 말을 잘 듣지 않는 아이의 훈육 지도법은?

1. 큰소리로 겁을 주어 말을 잘 듣게 한다.
2. 생각하는 의자에 앉게 하여 잠시 VR수업에서 열외시킨다.
3. 모든 아이들 앞에 나오게 하여 공개적으로 창피하게 만든다.
4. 손을 들고 서서 수업이 끝날 때까지 지켜보게 한다.

문항 14. VR HMD기기의 관리 방법으로 맞지 않는 것은?

1. 햇볕이 잘 드는 곳에 VR렌즈가 하늘로 향하게 하여 자주 살균하다.
2. 렌즈는 극세사 천으로 자주 닦아 주는 것이 좋다.
3. VR은 전원을 계속 켜 두어도 큰 문제가 발생하지 않는다.
4. VR HMD의 얼굴이 닿는 안면 부위는 가끔 분리하여 세척한다.

문항 15. XR의 설명으로 맞는 것은?

1. 과거 X세대가 사용하던 VR을 말한다.
2. AR과 메타버스의 합성어이다.
3. VR에 AR기능을 넣은 기기 형태이다.
4. 최고등급의 VR품질을 인증한 규격이다.

문항 16. 어린이 VR의 권장 연령대로 알맞은 것은?

1. 5~7세까지의 유치원 어린이
2. 8~13세까지의 초등학생
3. 7~9세까지의 어린이
4. 5~13세까지의 어린이

문항 17. LMS가 무엇인지 바르게 설명한 것은?

1. 최적의 VR콘텐츠 퀄리티를 보증하는 등급이다.
2. 어린이 VR교육을 뜻하는 이니셜 약자이다.
3. 단체 VR교육을 위한 중앙제어시스템을 말한다.
4. VR 관련 국내 최대의 커뮤니티를 말한다.

문항 18. 어린이 AI VR교육 시 지켜야 할 사항이 아닌 것은?

1. 큰 소리로 떠들거나 장난치지 않는다.
2. 갑자기 일어서거나 크게 움직이지 않는다.
3. 화장실을 가고 싶을 때 손을 들고 기다린다.
4. 옆 친구의 VR과 바꿔 가며 사용해도 상관없다.

문항 19. VR의 어떤 콘텐츠가 양쪽 뇌의 밸런스를 맞춰 주는가?

1. 3D 스테레오스코픽으로 만들어진 근거리 오브젝트의 경험
2. 3D 모노스코픽으로 만들어진 원거리 배경
3. 컨트롤러의 한쪽을 자주 사용하게 하는 인터랙션 콘텐츠 사용
4. 두 발을 사용하여 움직임이 많게 하는 VR콘텐츠 사용

문항 20. VR HMD를 교육하는 장소로 적당하지 않은 곳은?

1. 책상과 의자가 있는 교실
2. 넓은 거실 또는 강당의 바닥
3. 야외 운동장
4. 전용 AI VR실

문항 21. 하워드 가드너 박사의 다중지능이론에 대한 설명이 아닌 것은?

1. 사람은 다양한 형태의 지능이 있다는 이론
2. 사람은 다양한 인격체를 가지고 있다는 이론
3. 사람은 IQ와 EQ를 모두 가지고 있다는 이론
4. 사람은 통합놀이를 통해 여러 지능이 생긴다는 이론

기타. 참고 문헌과 자료

남육순. (1999). VRML을 이용한 어린이 교육용 시스템 설계 및 구현. 미출간 석사 학위 논문. 홍익대학교, 서울.

김상희 외 (2019). 인간성장발달과 건강. 서울: 고문사. p.101-116.

윤상호. (2011). 두개골 영상으로부터 얻은 한국인의 나이별 (0~20세) 두개골지수. 미출간 석사 학위 논문. p.3-10. 계명대학교, 대구.

박지원. (2019). 인체 구조와 기능. 서울: 메디컬사이언스.

이승민. (2018). Virtual Reality 기술의 정신치료적 활용. 이슈리포트 2018(36), 2-15.

Herbert P. Ginsburg. (2006). 피아제의 인지발달이론 (김정민 역). 서울: 학지사.

Maples-Keller JL1, Bunnell BE, Kim SJ, Rothbaum BO. (2017, May 25). The Use of Virtual Reality Technology in the Treatment of Anxiety and Other Psychiatric Disorders. Retrieved from https://www.ncbi.nlm.nih.gov/pubmed/28475502.

Newcastle University (2019, Feb 14). Immersive virtual reality therapy shows lasting effect in treatment of phobias in children with autism. [PDF Document] Retrieved from https://www.sciencedaily.com/releases/2019/02/190214191939.htm

어린이 어린이 VR 교육 범위 (미상). http://www.classvr.com/에서 2019년 5월 24일 검색.

포켓몬고 (미상). https://pokemongolive.com/ko/에서 2019년 5월 24일 검색.

okshinhoo (2019년, 3월 8일). 찾아가는 VR 안전 체험 신후시스템 유치원 안전체험. [Web log comment]. Retrieved from https://blog.naver.com/okshinhoo/221483682840